JN176016

よくわかる
医療法人制度 Q&A

設立・運営・税務
事業承継

第3版

日本橋中央税理士法人
代表社員・税理士
塩谷 満 [著]
Shioya Mitsuru

同文舘出版

はじめに

　医療法人制度は、昭和25年の医療法改正により創設されました。戦後、国民全体に高い水準の医療を安定して提供することは、わが国の不可欠な施策であったといえるでしょう。医療法人制度の創設により、複数人による出資を可能とし、高度医療を安定して供給する体制が整ったのです。

　平成26年3月末、全国には10万の一般診療所と6万8千の歯科診療所があります。これらのうち、5万1千の診療所が医療法人として経営を行っています。医療法人制度では、昭和60年の改正において、一人の医師が勤務する診療所でも法人設立を認め、これにより医療法人が大幅に増加することとなりました。そして、平成19年の医療法改正において、「基金拠出型医療法人制度」を導入し、解散時の残余財産が国等に帰属することになり、医療法人はより公益性の高い組織となりました。

　近年、医療法人による不正請求や脱税事件の報道を目にすることがあります。しかし、それはごく僅かの医療法人の行為であって、大半の医療法人は、地域住民に良質な医療をどのように提供するべきかを真剣に考えています。そして、私はそのような医療法人の経営者を何人も見てきました。多くの医療法人経営者が、本書を読んで医療法人制度を理解し、経営の参考になることを切に願っております。

　平成18年4月の第5次医療法改正時に『新・医療法人制度Q&A』を出版しましたが、平成19年4月の改正医療法施行にあわせて、医療法施行令、医療法施行規則も改正され、また、各都道府県から医療法人制度に関する手引きが出されたこともあり、平成22年2月に『よくわかる医療法人制度Q&A』を新版として出版しました。今回は同書に最新の届出や議事録サンプルを加え、さらに使いやすいものとなっております。Q&A形式により、医療法人に身近に起こりうる問題点を中心に執筆していますので、本書が、少しでも医療法人経営者の方々の助けになれば幸いに思います。

　最後に、本書の出版に尽力いただいた同文舘出版株式会社角田貴信氏に深くお礼を申し上げたいと思います。

平成26年12月

塩谷　満

もくじ

はじめに

医療法人制度のポイント

Q&A・医療法人制度

- **Q1** 医療法人の名称 …………………………………………… 12
- **Q2** 医療法人の設立時の資産 ………………………………… 14
- **Q3** 個人診療所の債務の引継ぎ ……………………………… 16
- **Q4** リース債務の引継ぎ ……………………………………… 18
- **Q5** 医療法人の業務範囲 ……………………………………… 22
- **Q6** 患者の送迎 ………………………………………………… 24
- **Q7** 有料老人ホームの設置 …………………………………… 26
- **Q8** サービス付き高齢者向け住宅 …………………………… 28
- **Q9** 医療法人の設立認可 ……………………………………… 30
- **Q10** 医療法人設立後のスケジュール ………………………… 34
- **Q11** 定款又は寄附行為に定める事項 ………………………… 36
- **Q12** 解散した場合の残余財産の帰属 ………………………… 38
- **Q13** 定款又は寄附行為の変更 ………………………………… 40
- **Q14** 医療法人の残余財産 ……………………………………… 42
- **Q15** 医療法人の基金 …………………………………………… 44
- **Q16** 基金の返還 ………………………………………………… 46
- **Q17** 基金拠出型医療法人への定款変更 ……………………… 48
- **Q18** 基金拠出型医療法人の純資産の表示 …………………… 50
- **Q19** 設立の登記 ………………………………………………… 52

Q20	登記事項	54
Q21	役員となれない者	56
Q22	役員の任期	58
Q23	役員の最低人数	62
Q24	理事長の資格要件	64
Q25	理事長が欠けた場合	66
Q26	監事の職務1	68
Q27	監事の職務2	72
Q28	管理者たる理事	74
Q29	定時総会の開催	76
Q30	臨時社員総会の開催	80
Q31	社員総会の議決	82
Q32	社員の議決権	84
Q33	事業報告書等の作成	86
Q34	書類の閲覧	94
Q35	決算の届出	96
Q36	決算書類の公開	98
Q37	剰余金の配当禁止	100
Q38	医療法人の解散	102
Q39	医療法人の合併	104
Q40	立ち入り検査	106
Q41	業務停止、役員の解任	108
Q42	設立認可の取消し	110
Q43	複数の都道府県に医療施設を持つ場合	112
Q44	社会医療法人	114
Q45	社会医療法人の優遇措置	116
Q46	評議員会の設置(財団医療法人)	118

Q47 評議員となるべき者 …………………………………… 120

Q&A・医療法人の税務

Q48 医療法人設立時の税務手続き ………………………… 124
Q49 医療法人設立のメリット（税金面）…………………… 126
Q50 設立事業年度の会計期間 ……………………………… 128
Q51 設立初年度、２期目の消費税は免除される ………… 130
Q52 土地・建物を出資するタイミング …………………… 132
Q53 理事長から不動産を賃借する場合 …………………… 134
Q54 理事長報酬の決め方 …………………………………… 136
Q55 生命保険への加入 ……………………………………… 138
Q56 役員退職金の算定 ……………………………………… 140
Q57 ＭＳ法人の活用法 ……………………………………… 142
Q58 医療法人の相続対策（退職金）………………………… 144
Q59 設備投資による節税対策 ……………………………… 146
Q60 医療法人の交際費 ……………………………………… 148
Q61 従業員の慰安旅行 ……………………………………… 150
Q62 医療法人への税務調査 ………………………………… 152
Q63 概算経費の活用 ………………………………………… 154

【資料編】
❶医療法・医療法施行令・医療法施行規則（抄）……………… 158
❷改正医療法附則（抄）…………………………………………… 194
❸社団医療法人の定款例 ………………………………………… 196
❹医療法人運営管理指導要綱 …………………………………… 202
❺種類別医療法人数の年次推移 ………………………………… 216
❻都道府県別医療法人数 ………………………………………… 218

医療法人制度のポイント

医療法人の特徴

■ 医療法人とは？

　医療法人とは、病院、診療所、介護老人保健施設の運営を目的とした法人です。医療法人の根拠法律は、医療法に定めがあり、民法・会社法を準用した規定もあります。医療法人制度制定前は、個人による医療機関が大多数を占めていましたが、医療施設資金を多数の出資者から集め、医業の高度化と効率化を図るために医療法人制度が設けられました。現在では、5万1千件の医療機関が医療法人となっています。

■ 医療法人の業務の範囲

　医療法人が開設できる施設は、原則として、病院、診療所又は介護老人保健施設のみです。しかし、業務に支障のない限り、医療に関係する業務も運営することができます。具体的には、看護専門学校、メディカルフィットネス、衛生検査所、訪問看護ステーション、ケアハウス、有料老人ホームなどです。

■ 設立認可

　医療法人の設立認可は、都道府県知事が行います。医療法人の種類には、社団法人と財団法人があり、理事長は、原則として、医師又は歯科医師でなければなりません。役員は、理事が3人以上、監事が1人以上を必要とします。認可は都道府県が窓口となり、設立説明会を年2回行うのが一般的で、この説明会のタイミング以外で設立を行うことはできません。なお、政令指定都市では設立認可の事務が市に委譲されていますので、市が窓口となります。

■ 役員の制限

　医療法、医師法等医療法制上の処分を受けている者や禁錮刑以上の刑に処されている者は、一定の期間医療法人の役員になれないことになっています。また、医療法人と関係のある特定の営利法人の役員が経営

参画していることは、非営利性の観点から不適当とされています。役員の任期は2年で、理事長のみ登記が必要となります。

■ 事業報告書等の作成

医療法人は、決算において事業報告書、財産目録、貸借対照表、損益計算書（「事業報告書等」）を作成しなければなりません。決算で税務署に法人税を申告することはもちろんですが、申告後に事業報告書等を都道府県に提出することも義務付けられています。医療法人は、社会保険診療を収入の原資とするため、適切な運営が行われているか否か、都道府県がチェックを行うこととなっています。

■ 配当禁止規定

医療法人は、営利の追求を目的としていないため、配当を行うことができません（医療法第54条）。確かに、医療法人に利益が生じなければ、運営を継続することができません。医療法人に剰余金が生じた場合には、その剰余金を医療施設の充実や医療スタッフの給与のほか、経費のために使うことを前提としています。平成19年の医療法改正前においては、医療法人が解散した場合に、利益を含めた残余財産の分配を可能としていましたが、第5次医療法改正後は、その分配も行うことができなくなりました。

第5次医療法改正による変化

医療法人制度は、平成19年4月に大幅に改正されました（第5次医療法改正）。根底には、医療法人の非営利性が担保されていないという意見があり、公益性を高め、運営が適正に行われるよう医療法を改正したのです。

医療法人の残余財産が国等の帰属に

第5次医療法改正により医療法人が解散した場合の残余財産の帰属が、国等となることが明確になりました。旧医療法では、医療法人の残余財産の取扱いは、医療法人の定款に委ねていました。その定款では、「本社団が解散した場合の残余財産は、払込済出資額に応じて分配するものとする。」と定めており、最終的に残余財産を出資者へ払い戻すことが可能だったのです。第5次改正では、医療法に残余財産に関する事項を定款に定めなければならないと規定し、その残余財産の帰属すべき者を国若しくは地方公共団体又は医療法人その他医療を提供する者であって厚生労働省令で定めるもののうちから選定されるようにしなければならないと規定しました。しかし、出資金が返還されないとなれば、医療法人へ資金（設備）を多額に拠出することが難しくなり、医療法人の資産が脆弱となってしまいます。そこで、「拠出型医療法人」という形態を設け、医療法人へ資産を拠出した者に対しては、解散時又は一定期間後に拠出した金額のみ返金することを可能としました。そして、剰余金の部分については、国等へ帰属することとなります。

■新しい医療法人制度における設立・解散

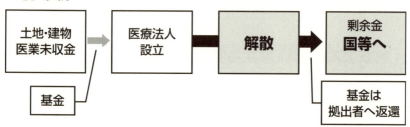

平成19年3月以前設立の医療法人へは経過措置あり

しかし、残余財産について、既に設立された医療法人に関しては、経過措置が設けられることになりました。今回の改正がすべての医療法人

に適用されれば、今まで蓄積してきた財産のほとんどが国の帰属となってしまいます。そこで、第5次医療法施行前に設立された医療法人（平成19年3月末以前に設立認可申請を行った医療法人）については、「**当分の間**」、この残余財産に関する規定を適用することが見送られています。

社会医療法人制度の創設

　公益性の高い医療を提供する民間医療法人として、社会医療法人制度を創設しました。今まで、医療法人は非営利を原則とするものの、積極的な公益性は求められていませんでした。しかし、自治体病院をはじめとする公的医療機関が担ってきた「公益性の高い医療サービス」を、民間医療法人が行うことによって地域社会の要求に医療法人が応えることが可能となります。このように民間医療法人が公的な医療サービスを積極的に実施することができるよう、公益性の高い民間医療法人として「社会医療法人制度」を創設したのです。平成26年7月1日現在、224法人が社会医療法人の認定を受けています。

社会医療法人が行う公益性の高い医療サービス

- 救命救急のための医療（休日診療、夜間診療など）
- 居住地域や病態の程度にかかわらず等しく提供されるべき医療（小児救急、へき地医療・離島医療）
- 医療従事者に危険性が高い医療（災害医療、精神救急医療）
- 患者や地域の医療機関に対し無償で相談助言や普及啓発を行うもの（患者を早期に社会復帰に結びつける医療連携に関する活動など）
- 高度な医療技術などの研究開発や質の高い医療従事者の養成であって科学技術の進歩に貢献するもの（質の高い医療従事者の確保・養成に関する活動など）

社会医療法人になるための条件

- 役員、社員のうち、同族関係者が3分の1以下
- 救急医療等確保事業を行うこと
- 役員等に対し特別の利益を与えないこと
- 解散時の残余財産を国、地方公共団体又は他の社会医療法人に帰属させること

社員総会に関する規定

　第5次医療法改正前には定めのなかった社員総会に関する規定が明文化されました。社員総会は、社団医療法人の最高意思決定機関です。そして、その運営は法令を遵守し、適正に行わなければなりません。しかし、改正前医療法では、社員総会の運営に関する取扱いを法人の定款に委ねていました。第5次改正により、医療法人の運営規律が法律化されたのです。もちろん、医療法人の運営は、自立的に行われるべきであることは言うまでもありません。その自立的な運営を促すためには、必要最低限の規律が必要なのです。その規律について、医療法に定めが設けられたのです。

社員総会に関する主な規定

- 社団医療法人の理事長は、少なくとも毎年1回、定時社員総会を開かなければならない
- 理事長は、必要があると認めるときは、いつでも臨時社員総会を招集することができる
- 議長は、社員総会において選任する
- 社員総会は、定款に別段の定めがある場合を除き、総社員の過半数の出席がなければ、その議事を開き、議決することができない
- 社員総会の議事は、定款に別段の定めがある場合を除き、出席者の過半数で決し、可否同数のときは、議長の決するところによる
- 社員は、各1個の議決権を有する

役員に関する規定

医療法人の運営を執行する理事については、以下の規定があります。

項目	内容
役員の任期	2年以内とする
理事長の職務	医療法人を代表し、業務を総理する
理事長が欠けたとき	他の理事が、その職務を代理し、又はその職務を行う
業務の決定	医療法人の業務の決定は、理事の過半数で決める
利益相反行為	医療法人と理事との利益が相反する行為（例えば、その理事から不動産を購入する場合など）については、理事は、代理権を有しない

監事の職務の明確化

医療法人の監事は、法人を監査する重要な機関です。これまで監事の職務は、民法の規定に準ずることとされていました。しかし、公益性の高い医療法人の運営を適正に管理、監督する必要があることから、監事の職務について、医療法に明記することとしました。

監事の職務

- 医療法人の業務を監査すること
- 医療法人の財産の状況を監査すること
- 医療法人の業務及び財産の状況について、監査報告書を作成し、会計年度終了後3月以内に社員総会又は理事に提出すること
- 医療法人の不正、法令違反を発見したときは、都道府県知事に報告すること
- 医療法人の業務又は財産の状況について、理事に対して意見を述べること

※ 監事は、医療法人の他の職務を兼任できません

評議員会の設置（財団医療法人）

財団医療法人は、理事会をチェックする機関としての社員総会が存在

しません。理事会が適正に運営されれば問題はないのですが、やはり諮問機関としての評議員会が必要です。評議員会の規定は、財団法人の寄附行為に定められていたのですが、より評議員会の意見を医療法人の運営に反映させるため、今回の改正により新たに医療法に評議員会の定めを設けました。医療法人の理事長（理事）は、評議員会の意見を尊重し、重要事項については、必ず意見を聞くようにしなければなりません。

評議員会に関する主な規定

- 評議員会は、理事の定数を超える数の評議員をもって組織する。
- 評議員会は、理事長が招集する。
- 次に掲げる事項は、理事長が、あらかじめ評議員会の意見を聴かなければならない。
  予算、借入金及び重要な資産の処分に関する事項
  事業計画の決定又は変更
  寄附行為の変更
- 評議員会は、医療法人の業務若しくは財産の状況又は役員の業務執行の状況について、役員に対して意見を述べ、若しくはその諮問に答え、又は役員から報告を徴することができる。
- 理事長は、毎会計年度終了後3月以内に、決算及び事業の実績を評議員会に報告し、その意見を求めなければならない。

評議員となる者の限定

医療法人の評議員となる者について、具体的な職務が明示されました。従前、財団医療法人の評議員については、特に職業やその者が有する能力を指定するような規定はなかったのですが、医療法人の運営がより専門的で高度なものとなっていることから、評議員となる者を限定することとしたのです。

＜評議員となるべき者の例＞
医師、歯科医師、薬剤師、看護師その他の医療従事者
病院、診療所又は介護老人保健施設の経営に関して識見を有する者

※ 評議員は、財団医療法人の役員を兼ねることはできません。

医療法人の会計、決算について

医療法人の会計処理は、以前、病院会計準則、介護老人保健施設会計・経理準則などの規定により行われていましたが、施設により会計処理基準が異なり、その統一化が求められていました。改正後の医療法では、医療法人の会計処理に規定を設け、公正妥当な会計処理基準で取り扱います。

また、決算届が会計年度終了後2月以内に提出することとなっていましたが、医療法人の決算業務に支障をきたしていたため、その期間を1ヵ月間延長し、3ヵ月以内に提出することとなりました。さらに、情報開示を促進するため、第三者がその決算届を閲覧できるようになりました。

■医療法人の決算手続

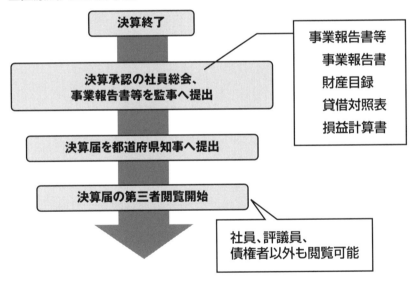

Q&A・医療法人制度

Q1 医療法人の名称

医療法人の設立を考えています。どのような名称が適当でしょうか。医療法人○○クリニックは可能ですか

Answer

- 医療法人以外の者は、医療法人という名称を使えません
- 医療法人○○クリニック、医療法人××内科は可能です
- 誇大な名称、国、都道府県、市区町村名を付けた名称は避けましょう

解説

【医療法第40条】
医療法人でない者は、その名称中に、医療法人という文字を用いてはならない。

1 医療法人の名称

「医療法人」という名称は、医療法人のみでしか使えません。他の営利法人が医療法人の名称を使った場合には、10万円以下の過料に処せられます（医療法第77条）。

医療法人○○クリニックという名称は良く見かけるのですが、同じような名称の医療法人を設立することはできません。例えば、医療法人第２○○クリニックなどでは、都道府県知事の設立認可は難しいでしょう。

2 好ましくない名称

医療法人の名称として好ましくないものは、セントラル××、△△センター病院、第一○○クリニック、優良☆☆法人などです。これらのよ

うに、必要以上に医療法人を大きく見せるような名称は、好ましくないものとして例示されています。

3 営利法人との関係

医療法人の名称に取引会社等、医療法人と関係がある会社の名称を用いることはできません。最近では、営利法人が実質的に医療法人の経営を掌握しているようなケースもありますが、営利法人を連想させるような名称を使うことは、非営利を原則とする医療法人では禁止されています。

> **コラム**
>
> ▶**株式会社が病院を運営しているのは？**
>
> 　トヨタ自動車、NTTなどの営利法人が病院を経営できるのはどうしてでしょうか。
>
> 　医療法第7条第5項では、営利を目的として、病院、診療所又は助産所を開設しようとする者に対しては、開設の許可を与えないことができると規定しています。すなわち、「許可を与えない」のではなく、「許可を与えないことができる」と規定されていることから、特定の営利法人が経営する病院については、開設が許可されています。これは、医療法制定前において、すでに従業員が就業中に傷病を負った場合に治療を行う福利厚生を目的とした病院が存在していたからです。医療法制定時において、これら企業病院の存在を認めたため、今でもその病院が残っているのです。

Q2 医療法人の設立時の資産

医療法人の設立時に必要な資産は何ですか。賃借している診療所でも法人設立は可能ですか

Answer
- 年間支出予算の2ヵ月分に相当する額の運転資金が必要です
- 診療所等の医療施設は、賃貸物件でも可能です

解説

【医療法第41条】
1　医療法人は、その業務を行うに必要な資産を有しなければならない。
2　前項の資産に関し必要な事項は、医療法人の開設する医療機関の規模等に応じ、厚生労働省令で定める。

【医療法施行規則第30条の34】
医療法人は、その開設する病院、診療所又は介護老人保健施設の業務を行うために必要な施設、設備又は資金を有しなければならない。

❶ 医療法人に必要な資産

新たに医療法人を設立する場合には、運営の安定性を確保するため、2ヵ月分以上の運転資金を有していることが望ましいでしょう。さらに、診療所経営の継続性の観点からも医業未収金等、換金性の高い資産は、拠出又は寄附することが求められ、設立申請時にも医業未収金は運転資金に含めて計算することができます。

2 土地、建物を賃借する場合

医療法人が必要とする医療施設（土地、建物）を賃借することは認められています。賃借する場合には、以下の点に注意してください。

- 土地、建物については、賃貸借登記をすることが望ましい
- 賃貸借契約は適正になされ、賃借料の額、契約期間等の契約内容が適正であること（契約期間は長期契約、おおむね10年になります。）
- 賃借料が医療機関の収入の一定割合とするものでないこと

3 拠出する資産

医療法人は、業務を行うのに必要な資産を有してなければなりません。業務に必要な資産には、土地、建物のほか医薬品、医療用器械も含まれます。しかし、個人的な医師会（歯科医師会）の入会金等は拠出できません。また消耗品や貯蔵品など、個人診療所で経費処理した資産は同様に拠出できません。

4 財産目録の作成

医療法人設立認可申請時には、出資する資産について、財産目録を作成します。

財産目録例

設立当初において医療法人に所属すべき財産の財産目録
（平成　年　月　日現在）

1	資　産　額	30,300,000円
2	負　　　債	8,300,000円
3	純資産額	22,000,000円

(内訳)

科　　目	金額（単位：円）
A　基本財産	(9,000,000)
建物	9,000,000
B　通常財産	(21,300,000)
流動資産	(15,000,000)
現預金	15,000,000
有形固定資産	(5,300,000)
建物附属設備	2,000,000
医療用器械備品	2,000,000
什器・備品	200,000
リース資産	1,100,000
その他	(1,000,000)
保証金（建物）	1,000,000
資　産　合　計	30,300,000
負　債　合　計	8,300,000
純　資　産	22,000,000

＜作成上の注意＞
1　不要な科目は削除してください。ただし、負債がない場合でも負債合計欄は削除しないで、「0」を記載してください。
2　上記〈記載例〉では、「建物」を基本財産としていますが、通常財産の「固定資産」としても差し支えありません。

出典：『医療法人設立の手引』東京都福祉保健局医療政策部、平成26年、50頁。

Q3 個人診療所の債務の引継ぎ

医療法人設立の際、個人診療所開設時に金融機関より借入した債務を引き継ぐことはできますか。借入の内容は、医療機械購入と賞与資金です

Answer

- 医療機械購入のための借入金は、医療法人設立時に引き継ぐことが可能です
- 賞与資金のための借入金は、運転資金のため、引き継ぐことができません
- 法人設立認可申請時に、「負債残高証明及び債務引継承認願」の作成が必要となります

解説

1 債務の引継ぎ

　医療法人設立時に、個人診療所から引き継ぐ資産（医療機械、内装設備など）がある場合、その資産取得のために借り入れた債務は、医療法人へ設立と同時に引き継ぐことができます（設立後にあとから引き継ぐことはできません）。負債を引き継ぐためには、その借入金の内容がわかる金銭消費貸借契約書、返済明細書、購入した資産の売買契約書、領収書の写しを提示する必要があります。

2 引き継げない債務

　法人化前の運転資金、消耗品、修繕費等のために要した費用に係る負債及び賞与資金の短期借入金などは、引き継ぐことができません。これは、医療法人の安定的運営のため、厚生労働省の通知により、借入金が医療法人の健全な管理運営に支障を来すおそれのあるものである場合に

は、医療法人の負債として認めることは適当ではないとしているためです。

3 「負債残高証明及び債務引継承認願」の作成

個人診療所の債務を医療法人へ引き継ぐ場合には、以下の「負債残高証明及び債務引継承認願」を作成しなければなりません。作成には、金融機関の証明及び押印が必要となりますので、金融機関担当者と事前に打ち合わせを行ったほうが良いでしょう。

負債残高証明及び債務引継承認願例

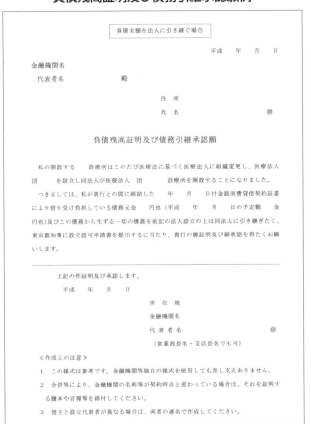

出典:『医療法人設立の手引』東京都福祉保健局医療政策部、平成26年、74頁。

Q4 リース債務の引継ぎ

個人診療所開設時にリース契約した医療器械があります。このリース契約は、医療法人へ引き継ぐことができますか

Answer

- 医療器械のリース契約は、法人へ引き継ぐことができます
- 「負債残高証明及び債務引継承認願」、「リース引継承認願」を作成する必要があります
- 「リース物件一覧表」を作成し、引継ぎ漏れのないよう注意しましょう

解説

1 リース債務の引継ぎ

　個人診療所がリース会社と取り交わしたリース契約は、そのリースに係る資産が医療機関に存在する場合に、医療法人へ引き継ぐことが可能です。診療所開設時には、資金的な余裕がなく、必要な資産をリースにより調達するケースが多く見られます。そのようなリース資産に係る債務について、リース会社の承認のもと、契約を法人へ引き継ぐこととしています。

2 リース引継承認願の作成

　リース契約は、当初、診療所開設者（個人）とリース会社との間で取り交わされ、多くの契約が、リース物件を他人に譲渡できないこととなっています。医療法人を設立する場合、医療法人は、開設者個人とは別人格となるため、リース契約の引継ぎについて、覚書を交わさなくてはなりません。

リース引継承認願　記入例

平成　年　月　日

リース会社名
代　表　者　名　　　　　　　殿

　　　　　　　　　　　　住　所
　　　　　　　　　　　　氏　名　　　　　　　　　㊞

リ　ー　ス　引　継　承　認　願

　私の開設する　　　診療所はこのたび医療法に基づく医療法人に組織変更し、医療法人　団　　を設立し、同法人が、医療法人　　団　　　　診療所を開設することになりました。

　つきましては、私が貴社との間に締結した平成　　年　　月　　日付リース契約証書（契約番号　　）の賃借人の名義を、前記の法人設立の上は、私個人から同法人に引き継ぎたく、東京都知事に設立認可申請書を提出するに当たり貴社の承認を得たくお願いします。

　　上記の件承認します。
　　　平成　年　月　日

　　　　　　　　　　　　所　在　地
　　　　　　　　　　　　会　社　名
　　　　　　　　　　　　代　表　者　名　　　　　　㊞

出典：『医療法人設立の手引』東京都福祉保健局医療政策部、平成26年、79頁。

❸ リース物件一覧表の作成

医療法人設立認可申請時には、リース物件一覧表を作成する必要があります。

リース物件一覧表　記入例

品　名	規格数量	リース期間	1か月のリース料	リース元
心電計 （型　式）	1	平成○○年○月○日から 平成□□年□月□□日までの 5年間	10,800円	医安リース 株式会社 契約番号 12345号
パソコン （型　式）	1	平成○○年○月○日から 平成△△年△月△△日までの 1年間 （※再リース）	32,400円 ※年額	医安リース 株式会社 契約番号 67890番

≪作成上の注意≫

1　根拠書類として、リース契約書（写し）及び支払予定表を添付してください。
2　リース契約書の内容に則して記載してください。
3　品名欄には型式も記入してください。
4　リース期間は、「平成○年△月□日から平成●年▲月■日までの×年間」のように記載してください。
5　1か月のリース料は、消費税込の金額を記載してください（再リース料も同様です。）。

出典：『医療法人設立の手引』東京都福祉保健局医療政策部、平成26年、78頁。

▶医療法人の設備投資

　診療所の開設時には、内装、医療器械などをリースにより調達するケースが多いと思います。診療所開設から医療法人へ組織変更するタイミングは、診療所開設から2〜3年目が多いのですが、個人診療所時代に契約したリース契約が残っている場合には、当然にそのリース契約を法人に引き継ぐことになります。法人設立当初は、そのリース負担が収支を圧迫し、思うように利益を計上することができません。しかし、その開設時のリース契約が終了すれば、現金収支は改善され、役員報酬も増額することが可能になります。リース期間を勘案して収支計画を立てることができれば、経営の不安は少なくなるでしょう。

〈ポイント〉
- 診療所開設時のリース契約が終了するまでは、大きな設備投資は控える
- 役員報酬の増額は、リースが終了してから！

Q5 医療法人の業務範囲

医療法人の行うことができる業務に制限はありますか。病院、診療所以外の施設の運営も可能でしょうか

Answer

- 医療法人が開設できる施設は、原則として、病院、診療所又は介護老人保健施設のみです
- しかし、業務に支障のない限り、定款又は寄附行為の変更により他の医療に関係する業務も運営することができます

解説

【医療法第42条】
医療法人は、その開設する病院、診療所又は介護老人保健施設の業務に支障のない限り、定款又は寄附行為の定めるところにより、次に掲げる業務の全部又は一部を行うことができる。

1 医療法人の業務範囲

医療法人の業務の目的は、原則として、病院、診療所又は介護老人保健施設の運営です（医療法第39条第1項）。しかし、医業に付随する業務のうち一定のもの（附帯業務）については、医療法人の主たる業務に支障のない範囲で、運営が許可されています。

医療法人が附帯業務を行うためには、定款又は寄附行為の変更が必要となります。定款又は寄附行為の変更には都道府県知事の認可を要し、その認可申請の際、都道府県に対し、2年間分の新規事業計画書を提出することとなります。

■実施可能な主な附帯業務（医療法42条①）

内容	具体例
医療関係者の養成又は再教育	看護専門学校、リハビリテーション専門学校
医学又は歯学に関する研究所	腫瘍医学研究所、臨床医学研究所
疾病予防のために有酸素運動を行わせる施設	メディカル・フィットネス（厚生労働省令の施設要件を満たすもの）
疾病予防のために温泉を利用させる施設	クアハウス（厚生労働省令の施設要件を満たすもの）
その他保健衛生に関する業務	下記2参照

2 その他保健衛生に関する業務とは

保健衛生に関する業務（医療法第42条第1項第6号）については、厚生労働省より通知が出されており、主に以下の業務が運営可能となっています。

事業の種類	内容
衛生事業	薬局、施設所、衛生検査所
介護事業	訪問看護ステーション、介護福祉士養成施設、ケアハウス、ホームヘルパー養成研修事業
社会福祉関係	難病患者等居宅生活支援事業、乳幼児健康支援一時預かり事業
高齢者支援	高齢者等の介護予防・生きがい活動支援事業、在宅介護支援事業
患者の送り迎え	患者等の有償移送行為（Q6参照）
有料老人ホームの設置	Q7参照

Q6 患者の送迎

医療法人で患者の送迎業務を行うことは可能でしょうか。その場合、料金を徴収することはできますか

Answer

- 医療法人は、有償により患者の送迎を行うことができます
- 送迎業務を行う場合には、定款又は寄附行為の変更と陸運局の許可が必要です

解説

1 患者の送迎

　医療法人が指定訪問介護事業者等に該当している場合には、要介護者等に通所、通院等のための送迎サービスを行うことができます。

　現在、患者のなかには、公共交通機関を利用することが困難な移動制約者が多数存在します。医療法人の定款又は寄附行為を変更し、業務の1つに含めることによって、これら移動制約者に対し送迎サービスを行い、報酬を得ることが可能となります。

2 道路運送法の許可

　例えば、指定訪問介護事業者等が提供する、通所、通院等のための輸送サービスについては、道路運送法の旅客自動車運送事業に該当するものであり、事業者（医療法人）は、同法による一般旅客自動車運送事業又は特定旅客自動車運送事業の許可を取得することが必要となります。

※ 患者サービスの一環としてバス等を使って、無償で患者等の送迎を行うことについては医療法人の附帯業務にあたるものであり、道路運送法の適用外となります。

3 どこまで付随業務なのか

　医療法人の業務は、業務範囲が非常に厳しく制限されています。これは、医療法人が病院、診療所の経営という非常に公益性の高い業務を主たる目的として行う組織体であり、かつ、非営利性を明確にした法人であるからです。しかし、附帯業務の範囲を厳しくすることにより、他の営利法人を使った患者サービスなど脱法的な関連業務が行われる可能性もあります。

　厚生労働省は、このような脱法行為を防ぐため、平成19年4月に医療法を改正し、医療法人の管理体制を見直すこととしました。具体的には、医療法人は、毎事業年度、事業内容を説明する「事業報告書」を提出し、その行う事業を報告しなければならなくなりました。（Q 33参照）

■附帯業務についての質疑と行政の回答

項目	可否
医学生を大学で学ばせることは、医療関係者の養成となるか	×
医療法人の建物を他に賃貸し、医業収入の約20％を収受した場合	×
公衆浴場、クリーニング所、理容及び美容所	×
賃貸を目的とした土地信託	×
市町村から委託を受ける在宅介護支援センター	○
市町村からの指定を受けて行うホームヘルパー養成研修事業	○
ケアハウスの開設	○
歯科技工所	○
高齢者専用賃貸住宅（居住者に対し、一定のサービスの提供を継続的に行うことを定めているものに限る。Q 8参照）	○

Q7 有料老人ホームの設置

医療法人が設置する有料老人ホームについて、具体的に教えてください

Answer

- 医療法改正により、老人福祉法29条第1項に規定する有料老人ホームの設置が可能となりました
- 有料老人ホームの設置には、事業開始後2年間の事業計画書及び予算書が必要となります

解説

【医療法第42条】
医療法人は、その開設する病院、診療所又は介護老人保健施設の業務に支障のない限り、定款又は寄附行為の定めるところにより、次に掲げる業務の全部又は一部を行うことができる。
　一〜七　（略）
　八　老人福祉法第29条第1項に規定する有料老人ホームの設置

1 有料老人ホームの設置

今回の医療法改正により、医療法人による有料老人ホームの設置が認められました。

旧医療法では、医療法人の非営利性を堅持するという立場から、有料老人ホームの設置は認められていませんでした。しかし、将来的には、高齢者人口が増加し、高齢者のための施設が不足することが明らかです。厚生労働省は、医療法人に有料老人ホームを開設し、その不足を補うことを求めています。

2 定款又は寄附行為の変更

　医療法人が有料老人ホームを設置するためには、医療法人の定款又は寄附行為の変更が必要です。定款又は寄附行為の変更は、都道府県知事の認可がなければ効力を有しません。したがって、都道府県に対して、定款又は寄附行為の変更の認可申請を行うこととなります。

■定款変更の手続き

医療法人の内部手続き	社員総会による定款変更決議
認可申請窓口	各都道府県[1]
認可申請時に必要な書類	①. 定款変更認可申請書 ②. 定款の新旧条文対照表 ③. 新定款（案） ④. 定款変更を決議した社員総会の写し（要原本証明） ⑤. 開設する有料老人ホームの従業員定員、敷地及び建物の構造設備の概要を記載した書類及び図面[2] ⑥. 定款変更後2年間の事業計画及びこれに伴う予算書 ⑦. 医療法人の運営状況を明らかにした書類 ⑧. 不動産を賃借する場合には、賃貸借契約書及び不動産登記簿謄本

※ 定款変更認可申請の標準処理期間は、6週間です。各都道府県によって手続きが異なることがありますので、申請前に相談することが望ましいでしょう。

[1] 東京都の場合は、福祉保健局医療政策部医療安全課
[2] 病院周辺の概略図、敷地図、建物平面図が必要となります

Q8 サービス付き高齢者向け住宅

医療法人が「サービス付き高齢者向け住宅」を開設することはできますか

Answer

- 医療法人は「サービス付き高齢者向け住宅」を開設、運営することができます
- 建物は自己所有、賃貸借どちらでもできます
- 「サービス付き高齢者向け住宅」には、優遇税制が適用されます

解説

【医療法第42条】
医療法人は、その開設する病院、診療所又は介護老人保健施設の業務に支障のない限り、定款又は寄附行為の定めるところにより、次に掲げる業務の全部又は一部を行うことができる。
六　前各号に掲げるもののほか、保健衛生に関する業務

1 サービス付き高齢者向け住宅の概要

　サービス付き高齢者向け住宅とは、高齢者の単身・夫婦世帯が安心して居住できる賃貸等の住居で、安否確認サービスと生活相談サービスが必須とされています。この住宅は、医療法人が建設又は賃貸により開設、運営することが可能です。

サービス付き高齢者向け住宅の特徴
●登録基準
住　　宅　　床面積（原則25㎡以上）、便所・洗面設備等の設置、バリアフリー
サービス　　サービスを提供すること（少なくとも安否確認・生活相談サービスを提供）

| 契約 | 高齢者の居住の安定が図られた契約であること
前払家賃等の返還ルール及び保全措置が講じられていること |

●事業者の義務
入居契約に係る措置（提供するサービス等の登録事項の情報開示、入居者に対する契約前の説明）
誇大広告の禁止

●指導監督
住宅管理やサービスに関する行政の指導監督（報告徴収・立入検査・指示等）

2 開設手続き

　医療法人がサービス付き高齢者向け住宅を建設、開設するためには、有料老人ホームの開設と同様、定款又は寄付行為の変更が必要です（Q7参照）。

　また都道府県・政令市・中核市等に登録手続きを行わなければなりません。

3 補助金、優遇税制

　国土交通省は、サービス付き高齢者向け住宅の供給を支援するため、補助金を支給しています。さらに建設した事業者には、税制上も有利な規定を設けています。

〈補助金〉

対象	登録されたサービス付き高齢者向け住宅等
補助額	建設費の1／10、改修費の1／3（国費上限100万円／戸）
主な要件	●サービス付き高齢者向け住宅に10年以上登録すること ●入居者の家賃が近傍同種の住宅の家賃とバランスがとれていること ●家賃等の徴収方法は前払い方式に限定されていないこと

〈税制〉

所得税・法人税	建物　5年間割増償却40％ （耐用年数35年未満のものは28％）
固定資産税	5年間税額を2/3軽減 （土地は含みません）
不動産取得税	家屋：課税標準から1,200万円控除／戸 土地：家屋の床面積の2倍にあたる土地面積相当分の価格等を軽減

Q9 医療法人の設立認可

医療法人を設立する場合には、どのような手続きが必要ですか

Answer

- 医療法人の設立には、都道府県知事の認可が必要です
- 各都道府県で開催される医療法人設立説明会に参加しましょう

解説

【医療法第44条第1項】
医療法人は、都道府県知事の認可を受けなければ、これを設立することができない。

1 医療法人の設立認可

　医療法人を設立する目的とは何でしょうか。医療法人制度の目的は、医療提供体制の確保及び国民の健康保持への寄与です。そして、経営主体を法人化することにより、①多人数による出資が可能となる、②経営者が死亡した場合でも医療機関が永続するといったメリットがあります。

　しかし、医療法人の経営が困難になることにより、患者への医療提供が滞ったり、医療法人が営利を求めて、過剰診療やサービスの低下を行ってはいけません。そのような危険性がある医療法人を事前にチェックするため、行政（都道府県）が設立認可の審査を行うこととなっています。

2 医療法人の特徴

　営利法人と比較した場合、医療法人の特徴は、以下の通りです。

- 剰余金の配当が禁止されている（医療法第54条）
- 社団法人と財団法人の2種類がある
- 理事長は、原則として、医師又は歯科医師でなければならない
- 役員として、理事3人以上、監事1人以上が必要
- 開設できる施設は、原則、病院、診療所又は介護老人保健施設のみ

昭和60年以前は、1人の常勤医師が開設する診療所については、医療法人化が認められていませんでした。昭和61年以後、1人医師医療法人制度が創設されたことにより、医療法人数は増加し、平成26年3月末現在、約5万件の医療法人が存在しています。

3 医療法人の設立スケジュール

東京都における医療法人の設立スケジュールは、およそ以下の通りになっています。

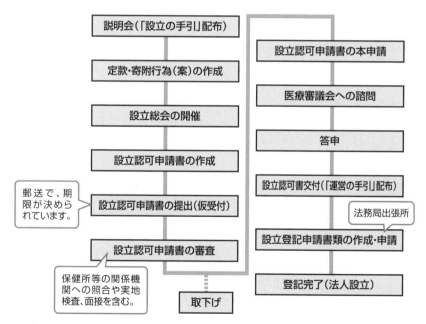

※ 東京都の場合、医療法人設立説明会は、7月に開催されます。この説明会の開催後、指定の期限までに、設立認可申請書の提出（仮受付）を行い、事前審査を受けなければなりません。

4 設立申請に必要な書類

医療法人の設立には、以下の資料を揃えて、都道府県の事前審査(仮受付)を受けることとなります。

■設立認可申請書類リスト(東京都の場合)

項目	注意事項(添付資料)
医療法人設立認可申請書	日付は東京都が指定した日
定款(寄附行為)	Q11参照
財産目録	財産目録明細書、債務引継承認書も必要
リース物件一覧表	物件名、数量、業者名等を記載
リース契約書(写し)	現行のものの写し
リース引継ぎ承認書	Q4参照
社員・役員名簿	基準日あり
拠出(寄付)申込書	設立総会の日を記載
預金残高証明書	できるだけ新しいもの
設立総会議事録	開催日付は、事前審査より前
設立趣意書	医療法人設立の目的を記載
医療施設の概要	周辺の概略図、建物平面図
不動産賃貸借契約書(写し)	現行の写し、案文も可
家賃の根拠書類	役員へ家賃を支払う場合に必要
事業計画書	2ヵ年又は3ヵ年
予算書	設立後2年間分
履歴書	印鑑証明、委任状、役員就任承諾書、管理者就任承諾書、管理者医師免許証(写し)
理事長の医師免許証(写し)	原寸大
診療所の実績表	2年分
確定申告書(個人)	2年分。要申告受領印
医療従事者充足状況	仮受付前2年分の状況

※ 仮受付に必要な提出部数は1部です。
※ 本申請時の提出部数は2部です(東京都保存用、認可書交付用)。
※ 申請書2部のうち1部には、官公署、銀行、リース会社、貸しビル業者等から交付された証明書等の原本を添付します。

コラム

▶医療法人と株式会社

　医療法人は、医療サービスという公共性の高い事業を行う非営利性の高い法人です。もちろん、事業継続のためには利益が必要です。赤字が発生しても、自治体病院のように財政支援してくれる救済措置がないからです。医療法人は、利益を獲得するためには収入を伸ばし、運営の効率化を図らなければなりません。その点では、営利法人と似た側面を持っていると言えます。

　しかし、医療サービスにおいて収入や効率を優先した場合、不必要な医療サービスを行うことや診療の質を落とす危険性が生じてきます。生命や健康を主事業とする医療法人の経営者が、これらの点を見誤ってはいけません。医療法人は、医療事業から生じた利益を、医療のために最大限有効に使うことを使命としています。株主利益の最大化を目的とする株式会社との大きな相違点の1つです。

Q10 医療法人設立後のスケジュール

医療法人設立認可後の保健所、保険医療機関の指定について、スケジュールを教えてください

Answer

- 法人設立認可後、医療法人の登記を行います
- 登記完了後、診療所所在地の管轄保健所へ、「診療所開設許可申請」を提出します
- 開設許可後、「法人診療所開設届」、「個人診療所廃止届」を提出します
- 保健所の手続きが終わったら、厚生局へ保険医療機関の指定申請を行います

解説

1 医療法人の登記

医療法人の設立が都道府県より認可されたら、本店所在地の法務局で登記を行います。医療法人は認可されただけでは成立せず、登記が完了して初めて法人として成立します。

2 保健所へ診療所開設許可申請を提出

医療法人の登記完了後、診療所所在地を管轄する保健所へ、「診療所開設許可申請書」を提出します。個人診療所は、開設の届出のみでよかったのですが、法人診療所は保健所より許可を受けなければ、開設することができません。開設許可申請は法人診療所をスタートする日の10日前ほどに提出します。提出後、保健所の検査を経て、法人診療所を開設します。

> ▶開設許可申請に必要な添付書類
> 管理者の医師(歯科医師)免許証写し、履歴書
> 医療法人定款、登記簿謄本(登記完了後の新しいもの)
> 診療所土地、建物の登記簿謄本、賃貸借契約書
> 診療所案内図、配置図
> エックス線診療室放射線防護図(レントゲンの測定業者が発行)

❸ 診療所開始届と廃止届の提出

　法人診療所の開設が許可されたら、診療所を開設して、10日以内に「診療所開設届」と「個人診療所廃止届」を提出します。この届出と同時に、診療用エックス線装置備付届と診療用エックス線装置廃止届も提出しなければなりません。これはレントゲン業者がX線を測定し、作成します。

　※ 診療用エックス線装置備付届と廃止届の押印は、管理者個人の印鑑です。法人印ではないのでご注意を！

❹ 保険医療機関指定の手続き

　3の手続きにより、法人診療所の開設届を提出したら、所轄厚生局の事務所へ、「保険医療機関指定申請書」を提出します。この申請書は、厚生局の事務所によって〆切が決まっているので、その締切日に間に合わないと保険診療を継続して行うことができませんので注意してください。

　また、保険医療機関の指定申請と同時に個人診療所からの保険診療を引継ぐため、遡及申請も行います。さらに個人診療所の保険医療機関廃止も提出します。

❺ 税務関係の手続き

　3、4の手続きとは別に、法人所在地の所轄税務署に「法人設立届書」、「事業開始等申告書」、「青色申告の承認申請書」を提出します。また、社会保険、労働保険関係の手続きも忘れずに行わなくてはなりません。

Q11 定款又は寄附行為に定める事項

医療法人の定款又は寄附行為に定めなければならない事項は何ですか

Answer

- 定款、寄附行為とは、医療法人の目的、組織、活動に関する基本規則です
- 医療法人の定款又は寄附行為に定めなければならない事項は、11項目あります

解説

【医療法第44条第2項】
医療法人を設立しようとする者は、定款又は寄附行為をもって、少なくとも次に掲げる事項を定めなければならない。

1 定款・寄附行為の作成

医療法人を設立する場合には、定款又は寄附行為に、次に掲げる事項を定めなければなりません。

定款又は寄附行為とは、社団医療法人、財団医療法人の目的、組織並びにその業務執行に関する基本規則を記載した文書です。したがって、医療法人の運営は、定款又は寄附行為に則って行わなければなりません。定款又は寄附行為の例は、厚生労働省よりモデル定款が示されており（資料編参照）、医療法人の運営形態にあわせて改正することもできます。

しかし、医療法人を設立する場合には、最低限、定款又は寄附行為に、次の事項を定めなければなりません。

> ▶ **定款又は寄附行為に定める事項**
> ① . 目的
> ② . 名称
> ③ . その開設しようとする病院、診療所又は介護老人保健施設の名称及び開設場所
> ④ . 事務所の所在地
> ⑤ . 資産及び会計に関する規定
> ⑥ . 役員に関する規定
> ⑦ . 社団たる医療法人にあっては、社員総会及び社員たる資格の得喪に関する規定
> ⑧ . 財団たる医療法人にあっては、評議員会及び評議員に関する規定
> ⑨ . 解散に関する規定
> ⑩ . 定款又は寄附行為の変更に関する規定
> ⑪ . 公告の方法

2 社員総会に関する規定

　第5次改正医療法では、定款又は寄附行為に、社員総会又は評議員会の規定を盛り込むことが明示されました。社員総会は社団医療法人の最高決定機関であるため、その運営に関する事項は、定款に記載する必要があるからです。

> ▶ **社員総会に関する主な規定**
> 開催要件、社員総会の決議事項（定款の変更、基本財産の設定及び処分など）、決議確定の要件、召集の方法、代理権の行使など

Q12 解散した場合の残余財産の帰属

医療法人が解散した場合の残余財産の帰属について教えてください

Answer

- 医療法人が解散した場合の残余財産は、国、地方公共団体、他の医療法人に帰属することとなりました
- 平成19年3月31日以前に設立された医療法人については、経過措置の適用があります

解説

【医療法第44条第5項】
第2項第九号に掲げる事項(解散に関する規定)中に、残余財産の帰属すべき者に関する規定を設ける場合には、その者は、国若しくは地方公共団体又は医療法人その他の医療を提供する者であって厚生労働省令で定めるもののうちから選定されるようにしなければならない。

1 医療法人が解散した場合

医療法人は、以下の事由が生じた場合、解散することとなります

①. 目的たる業務の成功の不能
②. 総会決議
③. 社員の欠亡
④. 他の医療法人との合併
⑤. 破産手続開始の決定
⑥. 設立認可の取消し

医療法人が解散した場合には、残った財産をどのように取り扱うかが問題となります。旧医療法では、残余財産の帰属に関する規定を医療法人の定款に委ねていました。その結果、「**本社団が解散した場合の残余財産は、払込済出資額に応じて分配するものとする。**」というモデル定款の規定により、出資額に応じた財産の分配が認められていたのです。

　しかし、残余財産の分配を認めれば、利益が蓄積した時点で医療法人を解散し、利益を分配することが可能となってしまいます。そのため、医療法人の非営利性を堅持する目的から、国、地方公共団体又は他の医療法人等に残余財産を帰属させることとしたのです。

〈残余財産の帰属先（国、地方公共団体ほかの例示）〉
- 都道府県、市町村が開設する病院、診療所及びこれに準ずるもの
- 財団である医療法人又は社団である医療法人であって持分の定めのないもの（特定医療法人、社会医療法人など）

2 既存法人の経過規定

　この規定（医療法第44条第5項）は、第5次医療法改正により、平成19年4月1日に改定されました。平成19年3月31日以前に設立認可申請を行った医療法人については、旧医療法が適用され、解散した場合の残余財産は、払込済出資額に応じて、出資者に分配されます。（Q14参照）

> 【医療法附則第10条第1項】
> 新医療法第44条第5項の規定は、施行日以後に申請された同条第1項の認可について適用し、施行日前に申請された同項の認可については、なお従前の例による。

Q13 定款又は寄附行為の変更

医療法人の定款変更は都道府県の認可が必要と聞きましたが、どうしてですか。また、残余財産に関して定款変更をする場合、問題点はありますか

Answer

- 都道府県知事の認可は、法律（医療法）で決められています
- 残余財産に関する事項を変更する場合には、残余財産の帰属先を国等にしなければなりません

解説

【医療法第50条】
1　定款又は寄附行為の変更は、都道府県知事の認可を受けなければ、その効力を生じない。
2　都道府県知事は、前項の規定による認可の申請があった場合には、第45条に規定する事項及び定款又は寄附行為の変更の手続が法令又は定款若しくは寄附行為に違反していないかどうかを審査した上で、その認可を決定しなければならない。
3　（略）
4　第44条第5項の規定は、定款又は寄附行為の変更により、残余財産の帰属すべき者に関する規定を設け、又は変更する場合について準用する。

❶ 定款又は寄附行為変更の認可申請

定款又は寄附行為の変更は、都道府県知事の認可を受けなければ、効力が発生しません。定款、寄附行為の変更には、医療法人の内部手続き（社員総会の決議等）を必要とします。しかし、医療法人の内部手続き

のみで変更することが可能となれば、医療法人にそぐわない事業を行うことも簡単に可能となってしまいます。そのような危険性を防止するため、公益性の高い医療法人の基本原則である定款、寄附行為は、その変更について、都道府県知事の認可を必要としているのです。

2 定款又は寄附行為の変更の例

次のような場合には、定款又は寄附行為の変更が必要となります。
- 医療法人の名称変更、住所変更
- 病院（診療所）を開設する場合及び廃止する場合
- 開設する診療所を移転する場合
- 訪問看護ステーションを開設する場合
- 理事の増員（定款で定める以上の理事を増員する場合）、決算事業年度の変更

3 定款変更認可申請の流れ

```
都道府県の事前審査…必要な書類を揃え、相談を行います
          ↓
社員総会での定款変更の決議
          ↓
認可申請書の提出
          ↓
都道府県の審査（約2週間）
          ↓
認可…認可後、登記が必要な場合（本店移転など）には、登記を行います
          ↓
登記事項変更届の提出（Q20参照）
```

Q14 医療法人の残余財産

平成19年3月以前に設立された医療法人が解散した場合、残余財産はどのように取り扱われますか。出資者にはいくら返還されるでしょうか

Answer

- 解散した場合の残余財産は、出資額に応じて、利益剰余金を含めて出資者に返還されます
- 返還された利益剰余金に対して、所得税が課税されますので、注意しましょう

解説

1 残余財産の払い戻し

平成19年4月に改正された医療法では、解散した場合の残余財産を、国、地方公共団体又は特定の医療法人に帰属するとしています。しかし、平成19年3月以前に設立された医療法人については、当分の間、医療法第50条第4項は適用せず、旧医療法第56条が適用されることとなっています。旧医療法では、残余財産を定款又は寄附行為の定めるところにより、その帰属すべき者に帰属すると定めており、旧定款第34条から、払込済出資額に応じて分配されます。

【改正医療法附則第10条第2項】
施行日前に設立された医療法人又は施行日前に医療法第44条第1項の規定による認可の申請をし、施行日以後に設立の認可を受けた医療法人であって、施行日において、その定款又は寄附行為に残余財産の帰属すべき者に関する規定を設けていないもの又は残余財産の帰属すべき者として新医療法第44条第5項に規定する者以外の

者を規定している者については、**当分の間**（当該医療法人が、施行日以後に、残余財産の帰属すべき者として、同項に規定する者を定めることを内容とする定款又は寄附行為の変更をした場合には、当該定款又は寄附行為の変更につき医療法第50条第1項の認可を受けるまでの間）、**新医療法第50条第4項の規定は適用せず、旧医療法第56条の規定は、なおその効力を有する。**

【旧医療法第56条第1項】
解散した医療法人の残余財産は、合併及び破産手続き開始の決定による解散の場合を除くほか、**定款又は寄附行為の定めるところにより、その帰属すべき者に帰属する。**

【旧モデル定款第34条】
本社団が解散した場合の残余財産は、払込済出資額に応じて分配するものとする。

2 払い戻しの具体例

出資金1,000万円、利益剰余金15,000万円の医療法人が解散した場合の払戻金

① . 1,000万円 + 15,000万円 = 16,000万円・・純資産額
② . （16,000万円 − 1,000万円）× 20.42% ≒ 3,063万円・・払い戻しに対する源泉所得税
③ . ① − ② = 12,937万円（手取り額）

<注意事項>
個人に対する払戻金は、配当所得に該当し、払い戻した年の翌年3月15日までに確定申告しなければなりません。

Q15 医療法人の基金

平成19年4月より設立される医療法人は、基金拠出型の医療法人になると聞きましたが、医療法人の「基金」とは何ですか

Answer

- 医療法人の「基金」とは、医療法人の設立時に拠出される金銭その他の資産です
- 「基金」は、定款の定めに従い返還することが可能ですが、利息、配当はつきません

解説

【医療法施行規則第30条の37】
1 社団である医療法人は、基金を引き受ける者の募集をすることができる旨を定款で定めることができる。この場合においては、次に掲げる事項を定款で定めなければならない。
  一 基金の拠出者の権利に関する規定
  二 基金の返還の手続
2 前項の基金の返還に係る債権には、利息を付することができない。

1 基金制度の創設

　平成19年4月に医療法が改正され、医療法人の設立は、持分の定めのない医療法人又は財団医療法人に限られることとなりました。すなわち、医療法人の設立時に財産を拠出した場合には、その財産が返還されないこととなります。しかし、財産が返還されないとした場合、拠出する財産が少なくなり、医療法人の経営が不安定となる恐れがあります。

そこで、財産的基礎の維持を図るため、新たに「基金制度」を設けました。「基金」は、医療法人に拠出される金銭その他の資産で、定款の定めに従い引き受け者を募集し、割り当てを行います。「基金」は、一定の条件により、社員総会の決議によって返還することができますが、利息は付与されません。

■医療法人の種類

平成19年3月以前
持分の定めのある医療法人
持分の定めのない医療法人
財団医療法人

平成19年4月以降
持分の定めのない医療法人（基金拠出型医療法人）
財団医療法人

2 基金として拠出することができる財産

　基金には、金銭のほか、金銭債権（社会保険診療報酬）や不動産を拠出することも可能です。金銭及び金銭債権以外の資産を拠出する場合で、その資産の価額が500万円を超える場合には、その価額が相当であることについて、弁護士、弁護士法人、公認会計士、監査法人、税理士又は税理士法人の証明を受けなければなりません。

　※　拠出する財産が不動産である場合には、不動産鑑定士の鑑定評価も必要です。

Q16 基金の返還

医療法人の設立時に拠出した基金は、返還されますか。また、医療法人の解散時に基金の金額以上の財産が残った場合、その財産はどのように取り扱われますか

Answer

- 医療法人の基金は、拠出した金額を限度として返還することが可能です
- 返還後の残余財産は、国に帰属することとなります

解説

【医療法第56条】
1. 解散した医療法人の残余財産は、合併及び破産手続開始の決定による解散の場合を除くほか、定款又は寄附行為の定めるところにより、その帰属すべき者に帰属する。
2. 前項の規定により処分されない財産は、国庫に帰属する。

1 基金の返還

医療法人の基金は、一定の条件を満たした場合に、定時社員総会の決議により返還することが可能です。

■返還することができる条件

純資産額（資産の含み益含む） − （基金の総額＋資産の含み益＋資本剰余金） > 基金の総額

例：①医療法人の純資産額　4,500万円　②基金の総額　1,000万円
　　③資本剰余金　0円　の場合

4,500 −（1,000+0）＞ 1,000　∴　返還できる（1,000万円を限度）

このケースで、1,000万円を返還する場合には、残った純資産額のうち1,000万円を代替基金として計上しなければなりません（医療法施行規則第30条の38第3項）。またその代替基金は取り崩すことができません。

2 解散時の残余財産の帰属
　基金拠出型医療法人が解散した場合、その残余財産は、定款の定めるところにより、帰属する先が決まります。モデル定款では、次の者から選定して帰属させるものとすると定めています。
　①．国
　②．地方公共団体
　③．医療法第31条に定める公的医療機関の開設者（都道府県、市町村が開設する医療機関）
　④．郡市区医師会又は都道府県医師会（民法第34条の規定により設立された法人に限る。）
　⑤．財団医療法人又は社団医療法人であって持分の定めのないもの
　すなわち、医療法人が解散して、その施設が残った場合には、上記の者が引き継いで運営を行います。もし、医療法人に剰余金が残った場合でも、拠出者には、基金以上の金額の返還はできません。

3 平成19年3月以前に設立された医療法人の場合
　平成19年3月以前に設立された医療法人が解散した場合には、残余財産の帰属先は、出資者に分配されます。この規定は、医療法人の定款に定められており、その定款の効力は「当分の間」継続することとなっているからです。（Q14参照）

【参考　社団医療法人旧モデル定款】
第34条　本社団が解散した場合の残余財産は、**払込済出資額に応じて分配するものとする。**

Q17 基金拠出型医療法人への定款変更

平成19年3月以前に設立された医療法人が、定款変更を行って持分の定めのない医療法人に移行することはできますか。その場合、課税の問題は発生しますか

Answer

- 経過措置型医療法人が、定款変更を行って、持分の定めのない医療法人に移行することは可能です
- 定款変更時に要件を満たさないと、法人に贈与税が課税されます

解説

【医療法施行規則第30条の39】
1 社団である医療法人で持分の定めのあるものは、定款を変更して、社団である医療法人で持分の定めのないものに移行することができる。
2 社団である医療法人で持分の定めのないものは、社団である医療法人で持分の定めのあるものへ移行できないものとする。

1 定款の変更

持分の定めのある医療法人（経過措置型医療法人）が持分の定めのない医療法人（基金拠出型医療法人）に変更する場合には、医療法第50条の規定により、都道府県知事の認可を必要とします。変更する定款の内容は、出資額の払い戻し事項の削除、解散時の残余財産の帰属先の追加と残余財産の分配事項の削除です。

反対に、持分の定めのない社団医療法人が持分の定めのある社団医療法人へ移行することはできません。

旧定款	新定款
第9条　社員資格を喪失した者は、その出資額に応じて払い戻しを請求することができる。	(削除)
第34条　本社団が解散した場合の残余財産は、払込済出資額に応じて分配するものとする。	第39条　本社団が解散した場合の残余財産は、合併及び破産手続開始の決定による解散の場合を除き、次の者から選定して帰属させるものとする。 ①国 ②地方公共団体 ③医療法第31条に定める公的医療機関の開設者 ④郡市区医師会又は都道府県医師会（民法第34条の規定により設立された法人に限る。） ⑤財団医療法人又は社団医療法人であって持分の定めのないもの

2 定款の変更による課税問題

　この定款変更によって、持分の定めのない医療法人に移行したことにより、法人内部に溜まっていた利益の個人への払い戻しが不可能となります。すなわち、今まで払い戻し時に課税されていた所得税の課税がなくなり、相続時も医療法人の出資持分は、利益を上乗せして評価されていたのですが、利益の払い戻しができなくなったことにより、その課税も行われなくなります。そうすると、医療法人の出資持分に対する課税が回避されてしまうため、定款変更時に一定の要件を満たさない場合には、定款変更を行った医療法人に対して贈与税を課すこととしました。

【非課税要件】
- 役員等について親族の割合が3分の1以下であること
- 出資社員らに対し、法人から特別の利益を与えないこと
- 定款に解散時の残余財産が国等に帰属する旨の定めがあること
- 法人に法令違反がないこと　…

Q18 基金拠出型医療法人の純資産の表示

貸借対照表に医療法人の純資産を表示する場合、基金拠出型医療法人はどのようになりますか。また、基金拠出型医療法人の消費税の取扱いについて教えてください

Answer

■ 基金拠出型医療法人の基金は、「基金」として表示します
■ その基金の額が1,000万円以上であっても、医療法人に消費税は課されません

解説

1 基金拠出型医療法人の純資産の表示

基金拠出型医療法人は、持分の定めのない医療法人であるため資本金がありません。基金は純資産の部に表示し、代替基金は、利益剰余金として表示します。

●基金拠出型医療法人の純資産の部

純資産の部	
科　目	金　額
Ⅰ　資本剰余金	×××
Ⅱ　利益剰余金	×××
1 代替基金	×××
2 その他利益剰余金	×××
Ⅲ　評価・換算差額等	×××
Ⅳ　基金	×××
純資産合計	×××

● 経過措置型医療法人（従来の医療法人）の純資産の部（参考）

純資産の部	
科　目	金　額
Ⅰ　資本金	×××
Ⅱ　資本剰余金	×××
Ⅲ　利益剰余金	×××
Ⅳ　評価・換算差額等	×××
純資産合計	×××

2 法人税及び消費税の取扱い

　基金拠出型医療法人の基金は、法人税法、消費税法に規定する「資本金の額又は出資の金額」に該当しません。1で述べた通り、基金の額は貸借対照表の純資産の部に表示するのですが、基金自体は拠出者に返還されるもので、いわば医療法人にとって債務になるのです。また、基金の拠出者が議決権を必ず有する旨の規定はなく、医療法人の会議・運営は社員によって行われます。さらに基金拠出型医療法人は、解散しても残余財産が戻ってくることはありません。

　このことから、基金の額は、税法における「出資金の額」に該当しないものと考えられています。

3 消費税の免税事業者

　消費税法では、法人を新たに設立し、出資金の額が1,000万円以上である場合には消費税を納税する義務が発生します（消費税法第12条の2）。しかし2の通り、消費税法上、基金の額は医療法人の出資金の額ではないと捉えられているため、たとえば基金の額が1,300万円であっても、その医療法人は消費税の課税事業者にはなりません。

Q19 設立の登記

医療法人の設立登記について教えてください。また、設立登記をした場合に、都道府県への届出は必要でしょうか

Answer

- 医療法人は、主たる事務所の所在地において設立の登記をすることによって、正式に成立します
- 都道府県知事の設立認可を受けた場合には、設立年月日を届け出る必要があります

解説

【医療法第46条】
医療法人は、その主たる事務所の所在地において政令の定めるところにより設立の登記をすることによって、成立する。

1 法人の設立登記

医療法人は、設立の登記によって初めて成立します。都道府県知事の認可を受けただけでは、法人の権利能力は認められません。

設立の登記は、設立の認可があった日から2週間以内に、主たる事務所の所在地において、理事となるべき者の申請により行います。そして、登記に持ち込んだ日が医療法人の設立日となります。

さらに、設立登記を済ませた後、法人の登記簿謄本を入手し、医療法人の登記事項の届出を都道府県知事宛に提出します。

2 設立時の登記事項及び登記例

設立時の登記事項及び登記例は、次の通りです。

登記事項	登記例	備考
目的及び業務	本社団は、病院を経営し、科学的でかつ適正な医療を普及することを目的とする。 本社団の開設する病院の名称及び開設場所は、次の通りとする。 東京都○区○○町○丁目○番○号 医療法人○団××会△△病院	
名称	医療法人○団××会	
主たる事務所	東京都○区○○町○丁目○番○号	従たる事務所も登記します
役員に関する事項	東京都○区○○町○丁目○番○号 理事長　××　××	
資産の総額	金×××,×××円也	財産目録の正味資産額とします

3 開設手続

　医療法人の成立後、定款又は寄附行為に定める病院、診療所又は介護老人保健施設の開設手続きを行います。この場合、設立後1年以内に正当な理由なく病院等医療施設を開設しないときは、設立の認可が取り消される場合もありますので、注意してください（Q 42参照）。

Q20 登記事項

医療法人が登記をしなければならない事項は何ですか

Answer

- 医療法人の登記事項は、組合等登記令に定められています
- 主な登記事項は、目的、業務、名称、事務所、代表権を有する者の氏名、住所及び資産の総額です

解説

【医療法第43条】
1 医療法人は、政令の定めるところにより、その設立、従たる事務所の新設、事務所の移転、その他登記事項の変更、解散、合併、清算人の就任又はその変更及び清算の結了の各場合に、登記をしなければならない。
2 前項の規定により登記しなければならない事項は、登記の後でなければ、これをもって第三者に対抗することはできない。

1 医療法人の登記

　医療法人は、組合等登記令の定めるところにより、登記をしなければなりません。

　登記をしなければ、原則として、第三者に対抗することができません。このような不測の損害を保護するため、医療法人は、設立の事実、その組織の登記が必要なのです。

2 医療法人の登記事項

組合等登記令で定められている医療法人の登記事項は、以下の通りです。

①. 目的及び業務
②. 名称
③. 事務所の所在場所
④. 代表権を有する者の氏名、住所及び資格
⑤. 存続期間又は解散の事由を定めたときは、その期間又は事由
⑥. 資産の総額

3 登記事項の届出

医療法人が登記をした場合には、遅滞なく、都道府県に届出をします。

登記事項の届出例

法人№ 9999
平成○○年○○月○○日

東京都知事　殿

届出者
主たる事務所の所在地　東京都○○区○○一丁目2番3号　○○ビル1階
名　称　医療法人社団○○
理事長氏名　○○　○○　㊞
電話番号　03（1234）5678
ファクシミリ番号　03（9876）5432

医療法人の登記事項の届出

登記を完了したので、医療法施行令第5条の12の規定により、下記のとおり届け出ます。

記

1	登記事項	理事長の重任 資産総額の変更 目的等の変更
2	登記年月日	平成○○年○○月○○日

添付書類
登記事項証明書（履歴事項全部証明書）（原本）

（注）　1　提出部数：1部＋控必要部数
　　　 2　届出者の印は、法人の代表印を押印してください。

出典：『医療法人運営の手引』東京都福祉保健局医療政策部、平成26年、42頁。

Q21 役員となれない者

医療法人の役員となれない者は、具体的にはどのような人ですか

Answer

- 成年被後見人又は被保佐人、医療法その他の規定により処分された者で一定期間を経過しない者は、役員になれません
- 禁錮以上の刑に処された者も、一定の期間が経過するまでは役員になれません

解説

【医療法第46条の2第2項】
次の各号のいずれかに該当する者は、医療法人の役員となることができない。
　一　成年被後見人又は被保佐人
　二　この法律、医師法、歯科医師法その他医事に関する法令の規定により罰金以上の刑に処せられ、その執行を終わり、又は執行を受けることがなくなった日から起算して2年を経過しない者
　三　前号に該当する者を除くほか、禁錮以上の刑に処せられ、その執行を終わり、又は執行を受けることがなくなるまでの者

1 役員の欠格事由

　成年被後見人や被保佐人など権利を制限されている者、医療法、医師法等医事法制上の処分を受けている者や禁錮以上の刑に処せられている者等については、一定の期間医療法人の役員になれないことになってい

ます。

　また、医療法人と関係のある特定の営利法人の役員が医療法人の役員として経営に参画していることは、非営利性という観点から適当とはいえません。

2 履歴書の記載例

　医療法人の役員に就任する場合には、以下のような履歴書を都道府県に提出します。

履　歴　書

住　　所　　東京都新宿区西新宿二丁目8番1号
氏　　名　　東　　　京　　　太
　　　　　　あずま　　きょうた
生 年 月 日　昭和53年10月25日
学　　歴　　平成6年4月～平成9年3月　　東京都立○○高校
　　　　　　平成9年4月～平成15年3月　　○○大学医学部
　　　　　　平成15年5月　　　　　　　　第500回医師国家試験に合格
　　　　　　　　　　　　　　　　　　　　（医籍　123456　号　平成15年5月10日登録）
職　　歴　　平成15年4月～平成21年7月　　○○大学病院内科医局勤務
　　　　　　平成21年8月～　　　　　　　　東京都千代田区丸の内3－5－1
　　　　　　　　　　　　　　　　　　　　東西ビル202号で西北クリニック開設
　　　　　　平成22年4月～　　　　　　　　千代田区医師会加入
　　　　　　　　　　　　　　　　　　　　　　　　　　　　　現在に至る。
賞　　罰　　な　し
　　　　　　※医療法第46条の2第2項の役員欠格事由には該当しておりません。

　以上のとおり相違ありません。
　　　平　成　　　年　　　月　　　日
　　　　　　　　　　　　　　　　　氏　名　東　　　京　　　太　　㊞

《作成上の注意》
1　役員、社員及び評議員の全員について作成してください。
2　医師(歯科医師)については医師(歯科医師)免許番号、登録年月日を記載してください。
3　「学歴」及び「職歴」の欄は、医療関係以外（開設・経営上利害関係のある営利法人等の役職員を兼務する場合は、その法人名及び役職についても記入すること）についても詳細に記載し、空白期間がないように記載してください。なお、職歴等に空白期間がある場合は、「開業準備」「無職」「専業主婦」「就職活動」などと記載してください。
4　印鑑登録証明書を添付してください。
5　実印で押印してください。
6　日付は、設立総会の年月日としてください。

出典：『医療法人設立の手引』東京都福祉保健局医療政策部、平成26年、83頁。

Q22 役員の任期

医療法人の役員の任期は何年ですか。また、任期期間は事業年度と同じでなければならないのですか

Answer

■ 医療法人の役員（理事・監事）の任期は、2年以内と定められました
■ 役員の任期期間は、事業年度と同じではありません

解説

【医療法第46条の2第3項】
役員の任期は、2年を超えることはできない。ただし、再任を妨げない。

1 役員の任期

　医療法人の役員の任期は、旧医療法には明確な定めがありませんでした。旧モデル定款が、「役員の任期は2年とする。ただし、再任を妨げない。」と規定しており、ほとんどの医療法人がこの規定に倣っていたのです。第5次医療法改正により、役員の任期が2年以内と定められましたが、もし、2年未満の任期（例えば、1年）を選択したい場合には、定款の変更を行う必要があります。

　また、モデル定款では、「補欠により就任した役員の任期は、前任者の残留期間とする。」（定款25条第2項）、「役員は、任期満了後といえども、後任者の就任するまでは、その職務を行うものとする。」（定款25条第3項）と定めています。

　具体的に説明すると、次の通りとなります。

■任期途中に役員の辞任、選任が行われた場合

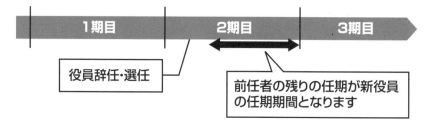

■任期満了後、新役員が選任されない場合

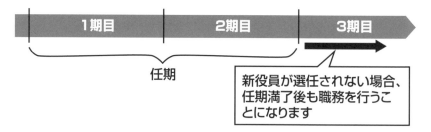

2 任期期間と事業年度

　役員の任期期間と事業年度（決算期）は同じではありません（役員任期と事業年度に関連性はないのです）。大多数の医療法人は、決算を承認する社員総会を区切りとして役員の選任を決めています。主な理由は、任期期間の経営責任が明確にできることと、役員選任を決算承認と同時に決議することで、社員総会の効率的な運営が図れるからです。

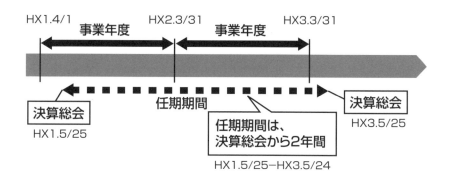

3 理事長の登記

　役員の任期が満了し、新しく理事（理事長）を選任した場合には、決議をした日から2週間以内に理事長の登記を行わなくてはなりません。医療法人は、役員の変更が実質ない場合でも、2年ごとに再任を行い、理事長の登記を行う必要があります。

　そして理事長の選任は、理事会で行います（社員総会ではありません）。

理事会議事録例

第1号議案　理事改選の件

　議長は本議案を上程し、理事全員が本総会終結の時をもって任期満了することから、従前理事、監事であった下記の者を選任したい旨を議場に諮ったところ全社員賛成し、原案通り可決された。被選任者は即時就任を承諾した。

記

理　事　　　〇〇　〇〇
　同　　　　〇〇　〇〇
　同　　　　〇〇　〇〇
監　事　　　〇〇　〇〇

第2号議案　理事長選任の件

　議長は発言し、本日の社員総会において理事全員が改選されたため、定款に基づき理事長を選任したい旨を述べ、下記の者を理事長候補者として議場に諮ったところ全員一致をもって承認可決し、被選任者は即時就任を承諾した。

理事長　　　〇〇　〇〇

コラム

▶従業員の採用をどうするか

　診療所では、家族のみによる経営形態も多く、従業員を採用していない場合もあります。法人設立に弊害はあるのでしょうか。

Q：他に従業員を雇う予定はありませんが、法人設立は可能でしょうか
A：診療所については、管理者が置かれていれば、医療法上の基準は満たされますので問題ありません。しかし、医療事故や無資格者の医療行為を未然に防止するという立場から、診療所においては、看護師又は准看護師、歯科診療所においては、歯科衛生士を常勤で1人以上採用することが望ましいでしょう

Q：現在、看護師不在で個人診療所を開設しているのですが、法人設立認可申請を行うことはできますか
A：可能ですが、採用を予定して申請しましょう

Q：常勤看護師は、雇用形態が派遣などでも可能でしょうか。また、いつの時点から従事していればよいのですか
A：看護師の派遣採用はできません。従事期間については、特に定めはありません。設立する際に採用する予定でも結構です

Q：常勤と非常勤の基準を教えてください
A：常勤とは、原則として診療所等で定めた勤務時間の全てを勤務する者をいいます。例えば、医師の勤務時間が1週間32時間の場合は、32時間以上勤務している医師を常勤とし、その他は非常勤とします

Q23 役員の最低人数

医療法人の役員（理事・監事）の最低人数は何人ですか。また、上限はありますか

Answer

- 医療法人は、理事3人以上、監事1人以上が必要です
- 役員の人数に上限はなく、定款の規定に従います

解説

【医療法第46条の2第1項】
医療法人には、役員として、理事3人以上及び監事1人以上を置かなければならない。ただし、理事について、都道府県知事の認可を受けた場合は、1人又は2人の理事を置くをもって足りる。

1 役員の最低人数

医療法人は、役員として、理事を3人以上、監事を1人以上必要とします。医療法人制度創設当初は、理事が1人以上いれば、医療法人を設立することは可能でした。しかし、業務運営の適正を図り、その運営が専断的になるのを防ぐため、3人以上の理事と1人以上の監事を置くこととしたのです。

2 理事となるべき適任者

医療法人の役員になれない者は、別途医療法の定めがあります（Q21参照）。この欠格事項に該当する者以外にも、次に掲げる者は、医療法人の役員として好ましくないとされています。

- 未成年者（判断能力があると認められる場合は可）

●医療法人と取引関係にある営利企業の役職員

また、役員の定数に上限はなく、定款の規定に従いますが、その人数は、事業規模等の実態に即したものがよいでしょう。実際に法人運営に参画できない者が名目的に選任されていることも適当でありません。

３ 役員変更の届出

役員を変更した場合には、新たに就任した役員の就任承諾書及び履歴書、印鑑証明を添付して、遅滞なく、都道府県に届出なければなりません。

医療法人役員変更届例

```
                                              法人No.
                                              年　月　日
東京都知事　殿
                    主たる事務所
                    の　所　在　地
                    届出者　名　称
                    理事長氏名              印
                    電話番号　（　）
                    ファクシミリ番号　（　）

              医療法人役員変更届

役員に変更があったので、医療法施行令第５条の13の規定により、下記のとおり届け出ます。
                    記
```

1 変更した役職名	
2 就任者氏名	
3 退任者氏名	
4 変更理由	
5 変更年月日	年　月　日

添付書類
1 役員名簿
2 役員改選を行った会議（社員総会、理事会、評議員会）の議事録
　（写しの場合は原本と相違ない旨の理事長の証明があること。）
3 新たな役職に就任した役員の履歴書、役員就任承諾書、印鑑登録証明書
　（理事長については医師（歯科医師）免許証の写しも必要。）
4 任期途中で辞任した役員の辞任届

（注）1　提出部数：1部＋控必要部数
　　　2　届出者の印は、法人の代表印を押印してください。
　　　3　役員の就任、退任以外の場合の添付書類については、巻末２「各種届出の添付書類一覧表（P156）」で確認してください。
　　　4　Ａ４サイズより小さい印鑑登録証明書については、Ａ４用紙に貼付の上提出してください（割印は不要です）。

出典：『医療法人運営の手引』東京都福祉保健局医療政策部、平成26年、43頁。

Q24 理事長の資格要件

医療法人の理事長は、医師(歯科医師)でなければなりませんか。医師(歯科医師)以外の者から理事長を選任することは可能でしょうか

Answer

- 医療法人の理事長は、原則として、医師又は歯科医師から選任します
- 都道府県知事の認可を受けた場合は、医師又は歯科医師でない者でも理事長に就任することができます

解説

【医療法第46条の3第1項】
医療法人の理事のうち1人は、理事長とし、定款又は寄附行為の定めるところにより、医師又は歯科医師である理事のうちから選出する。ただし、都道府県知事の認可を受けた場合は、医師又は歯科医師でない理事のうちから選出することができる。

1 理事長の要件

医療法人の理事長は、原則として、医師又は歯科医師の理事のうちから選任しなければなりません。確かに、理事長を医師又は歯科医師に限定するよりも、経営能力に優れた人材を選んだほうが医療法人の利益に貢献するかもしれません。しかし、医師又は歯科医師でない者が実質的に医療法人の経営を行った場合、医学的知識の欠落に起因した問題[1]が生じる可能性があるため、このような規定が設けられたのです。

※1 この規定は、過去、医療法人が必要のない手術を行い、診療報酬を不正請求した富士見産婦人科事件の後に設けられました。

❷ 医師又は歯科医師でない者を理事長とする場合

　医業経営の近代化・効率化を図る観点から、候補者の履歴、理事会構成等を総合的に勘案し、適正かつ安定的な法人運営を損なう恐れがないと認められる医療法人については、医師又は歯科医師以外の者から理事長を選任することが可能となっています。その場合にも、都道府県知事の認可を必要とします。認可の条件は以下の通りです。

---

①．過去5年間にわたって、医療機関としての運営が適正に行われ、かつ、法人としての経営が安定的に行われている医療法人

②．理事長候補者が当該法人の理事に3年以上在籍しており、かつ、過去3年間にわたって、医療機関としての運営が適正に行われ、かつ、法人としての経営が安定的に行われている医療法人

③．医師又は歯科医師の理事が理事全体の3分の2以上であり、親族関係を有する者など特殊の関係がある者の合計が理事全体の3分の1以下である医療法人であって、かつ、過去2年間にわたって、医療機関としての運営が適正に行われていること、及び、法人としての経営が安定的に行われている医療法人

④．医療法第46条の3第1項の改正規定の施行日（昭和61年6月27日）において、すでに設立されていた医療法人については、次に掲げる要件のいずれかに該当する場合
　ア　同日において理事長であった者の死亡後に、その理事長の親族で、医師又は歯科医師でない者が理事長に就任しようとする場合
　イ　同日において理事長であった者の退任後に、理事のうち、その理事長の親族であって医師又は歯科医師でない者が理事長に就任しようとする場合

　上記①～④に掲げる以外の医療法人から医療法施行規則第31条の3各号に規定する事項が記載された申請書が各地方厚生局長に提出された場合は、あらかじめ社会保障審議会医療分科会の意見を聴取した上で、上記①～④に準じて、候補者の略歴、理事会構成等を総合的に勘案し、適正かつ安定的な法人運営を損なうおそれがないと認められる場合に認可されるものであること。

出典：平成17年5月23日社会保障審議会医療分科会了解事項。

Q25 理事長が欠けた場合

緊急な場合に理事長がいなくなったときは、どのように対応すればよいですか

Answer

- 理事長が欠けたときは、他の理事が理事長の職務を行います
- 定款又は寄附行為に、代理を行う理事を決めておく必要があります

解説

【医療法第46条の4】
1　理事長は、医療法人を代表し、その業務を総理する。
2　理事長に事故があるとき、又は理事が欠けたときは、定款又は寄附行為の定めるところにより、他の理事が、その職務を代理し、又はその職務を行う。

1 理事長の職務

　理事長は、医療法人を代表し、その業務を総理する者であり、当然医療法人の代表権を有しています。登記についても、代表権を有する者として理事長のみの登記で足り、他の理事については、登記を必要としていません。

2 常務理事の設置

　不測の事態により理事長が欠けた場合には、定款又は寄附行為の定めにより、他の理事が、理事長の職務を代行します。理事長を代行する者として一般的なものは、常務理事です。常務理事は、理事長を補佐して

医療法人の常務を処理し、理事長に事故があるときはその職務を行います。

　常務理事の設置は任意となっていますが、なるべく設置するほうが良いでしょう。

【常務理事を置く場合の定款例】
- 理事は本社団の常務を処理する。
- 理事長に事故があるときは、常務理事がその職務を行う。

【常務理事を置かない場合の定款例】
- 理事は、本社団の常務を処理し、理事長に事故があるときは、理事長があらかじめ定めた順位に従い、理事がその職務を行う。

【注意！　常務理事の賞与は、経費になりません】

　医療法人の常務理事は、法人税法に規定する使用人兼務役員に該当しません。法人税法上、使用人兼務役員には使用人分の賞与を経費にすることができるのですが、常務理事に賞与を支払ったとしても、法人税法上、経費の額に算入できません。

Q26 監事の職務 1

監事の主な職務について教えてください

Answer

■ 医療法人の監事は、業務の監査、財産状況の監査を行い、監査報告書を提出します

解説

【医療法第46条の4第7項】
監事の職務は、次のとおりとする。
　一　医療法人の業務を監査すること。
　二　医療法人の財産の状況を監査すること。
　三　医療法人の業務又は財産の状況について、毎会計年度、監査報告書を作成し、当該会計年度終了後3月以内に社員総会又は理事に提出すること。

1 監事の職務

　監事とは、医療法人の財産及び理事の業務執行を監査する機関です。
　監事は、理事の業務執行の状況、当該法人の財産の状況、特に当該法人の事業報告書、財産目録、貸借対照表及び損益計算書について十分な監査を行わなければなりません。そして、監査を行った場合には、監査報告書を作成し、社員総会及び理事会にて報告を行います。その監査報告書は、法人において保存が必要となります。

2 兼職制限

　また、監事は、理事又は医療法人の職員を兼務することができません。監事が医療法人の監査機関の性質を有する以上、医療法人の執行機関である理事やその補助者としての職員との兼職を禁止し、監査の客観性や適正さを確保しているのです。

> 【医療法第48条】
> 監事は、理事又は医療法人の職員（当該医療法人の開設する病院、診療所又は介護老人保健施設の管理者その他の職員を含む）を兼ねてはならない。

3 監事監査報告書の作成

　監事は、決算終了後、監査を行って監事監査報告書を作成し、社員総会に提出します。この監査報告書は、医療法人の事業報告等提出書にも添付し、実印を押印します（Q 33参照）。

監事監査報告書例

監 事 監 査 報 告 書

医療法人 団〇〇会
理事長 〇〇 〇〇 殿

　私（注1）は、医療法人 団〇〇会の平成〇〇会計年度（平成〇〇年〇〇月〇〇日から平成〇〇年〇〇月〇〇日まで）の業務及び財産の状況等について監査を行いました。その結果につき、以下のとおり報告いたします。

監査の方法の概要
　私（注1）は、理事会その他重要な会議に出席するほか、理事等からその職務の執行状況を聴取し、重要な決裁書類等を閲覧し、本部及び主要な施設において業務及び財産の状況を調査し、事業報告を求めました。また、事業報告並びに会計帳簿等の調査を行い、計算書類、すなわち財産目録、貸借対照表及び損益計算書（注2）の監査を実施しました。

記

監査結果
(1) 事業報告書は、法令及び定款（寄附行為）に従い、法人の状況を正しく示しているものと認めます。
(2) 会計帳簿は、記載すべき事項を正しく記載し、上記の計算書類の記載と合致しているものと認めます。
(3) 計算書類は、法令及び定款（寄附行為）に従い、損益及び財産の状況を正しく示しているものと認めます。
(4) 理事の職務執行に関する不正の行為又は法令若しくは定款（寄附行為）に違反する重大な事実は認められません。

　　　　　　　　　　　　　　　　　　　　　　　平成〇〇年〇〇月〇〇日
　　　　　　　　　　　　　　　　　　　　　　　医療法人〇〇会
　　　　　　　　　　　　　　　　　　　　　　　監事　〇〇　〇〇　実印
　　　　　　　　　　　　　　　　　　　　　　　監事　〇〇　〇〇　実印

（注1）監査人が複数の場合には、「私たち」とする。
（注2）社会医療法人債を発行する医療法人については、「財産目録、貸借対照表、損益計算書、純資産変動計算書、キャッシュ・フロー計算書及び附属明細表」とする。

出典：『医療法人運営の手引』東京都福祉保健局医療政策部、平成26年、115頁。

▶監事の責任

　医療法人の監事は、会社で言う、「監査役」です。監事は、兼職制限があり、医療法人内の他の職務に就いている者は就任することができません。また、法令には明記されていませんが、理事の同族関係者が就任することも好ましくないとされ、医療法人の設立認可申請時にはチェックを受けます。

　平成19年の第5次医療法改正によって監事の職務が明記され、監事の責任は、明らかに重くなりました。監事監査報告書を作成し、医療法人に不正の疑念があった場合には、都道府県に報告をしなければならないのです。監事監査報告書は、都道府県へ提出され、第三者の閲覧の対象にもなります。形式だけで監事に就任している者は、大きなリスクを負うこととなるでしょう。監事は、適正に監査を行い、公益性の高い医療法人の安定的経営が持続するよう、意見を述べることが求められます。

Q27 監事の職務2

監事が医療法人の業務、財産について法令違反を発見した場合には、どのような対応が必要でしょうか

Answer

- 監査の結果、医療法人の法令違反を発見した場合には、都道府県知事又は社員総会、評議員会に報告します
- その報告の会議（社員総会、評議員会）は、監事が招集します

解説

【医療法第46条の4第7項】
監事の職務は、次のとおりとする。
　一～三　（略）
　四　第一号又は第二号の規定による監査の結果、医療法人の業務又は財産に関し不正の行為又は法令若しくは定款若しくは寄附行為に違反する重大な事実があることを発見したときは、これを都道府県知事又は社員総会若しくは評議員会に報告すること。
　五　社団たる医療法人の監事にあっては、前号の報告をするために必要があるときは、社員総会を招集すること
　六　財団たる医療法人の監事にあっては、第四号の報告をするために必要があるときは、理事長に対して評議員会の招集を請求すること。
　七　医療法人の業務又は財産の状況について、理事に対して意見を述べること。

1 監事の権限

監事が監査を行った結果、医療法人の業務又は財産に関し不正を見つけた場合には、これを都道府県知事又は社員総会、評議員会に報告します。その報告を行うために必要がある場合には、監事が社員総会、評議員会を招集することもできます。

2 監事の重要性

監事は、医療法人の財産及び業務運営を監視する重要な機関です。

医療法人は、公益性の高い民間法人です。本来は所轄の行政機関（都道府県）が監視、監督を行うべきでしょう。しかし、医療法では、医療法人の業務若しくは会計が、法令等に違反している疑いがあり、又はその運営が著しく適正を欠く疑いがあると認めるときに限り、都道府県の職員が医療法人の事務所に立ち入り、検査することとなっています。

すなわち、監事から都道府県への報告がなければ、所轄行政機関は、医療法人の運営が適正であるか否かの詳しい情報を知ることができません。医療法人の運営に関する監視は、監事に任されているのです。

■監事監査の流れ

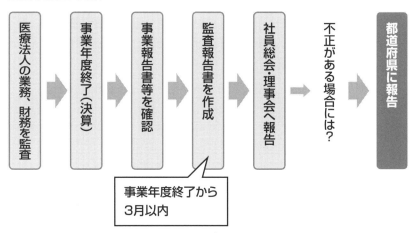

Q28 管理者たる理事

診療所と介護老人保健施設の2つの施設を運営しています。介護老人保健施設の施設長が交代しましたが、理事の改選も必要でしょうか

Answer

- 新しい介護老人保健施設の施設長（管理者）は、理事に就任しなければなりません
- 施設長が管理者をやめた場合には、原則として、理事も辞任することとなります

解説

【医療法第47条】
1　医療法人は、その開設するすべての病院、診療所又は介護老人保健施設の管理者を理事に加えなければならない。ただし、医療法人が病院、診療所又は介護老人保健施設を2以上開設する場合において、都道府県知事の認可を受けたときは、管理者の一部を理事に加えないことができる。
2　前項の理事は、管理者の職を退いたときは、理事の職を失うものとする。

1 管理者たる理事

　医療法人が開設する医療施設（病院、診療所、介護老人保健施設）の管理者は、理事に就任しなければなりません。欠格事項に該当しない者（Q21参照）であれば、医療法人の理事に就任することは可能です。この規定は、医療業務に関する実質的責任を有している管理者の意向を医療法人の運営に正しく反映させるために、設けられています。

2 管理者を辞めた場合

病院等の管理者は、管理者であることにより、その医療法人の理事に就任するので、その管理者でなくなった場合には、理事の職も失うことになります。

なお、管理者を辞めたときは、必ず理事を辞めなければならないものではなく、定款等に反しない限り（例えば、理事の定数を超過する等）、社員総会の決議や定款等に定められた手続きを行えば、引き続き理事の職にとどまることができます。

3 管理者就任承諾書の作成

理事が管理者となった場合には、管理者就任承諾書を作成し、医師（歯科医師）免許証写しを添付して、届出を行います。

管理者就任承諾書例

```
                                              平成　年　月　日
    医療法人　団
        理事長　　　　　　　　　殿


                                    氏名　　　　　　　　実印


                    管 理 者 就 任 承 諾 書


        平成　年　月　日開催の医療法人　団　　の社員総会において、医療法人　団
            が開設しようとする医療法人　団　　病院（診療所、介護老人保健施設）の管理者に選任
        され、その就任を承諾します。
```

（注）実印で押印してください。
（添付書類）
　医師（歯科医師）免許証の写し

出典：『医療法人運営の手引』東京都福祉保健局医療政策部、平成 26 年、89 頁。

Q29 定時総会の開催

医療法人の定時総会の開催について教えてください

Answer

■ 医療法人は、最低年1回以上、定時社員総会を開かなければなりません
■ 決算承認の社員総会を開催しましょう

解説

【医療法第48条の3第2項】
社団たる医療法人の理事長は、少なくとも毎年1回、定時社員総会を開かなければならない。

1 社員総会の開催

社団医療法人の理事長は、最低年1回、定時社員総会を開催しなければなりません。社員総会は、医療法人の最高意思決定機関です。その社員総会を開催しない場合、医療法人の運営が適正に行われていないことになります。

2 社員総会の決議事項

議長は、社員総会において選任されます。通常は、理事長が執り行うのが一般的です（医療法第46条の3第4項）。

▶社員総会の決議事項

① . 定款の変更
② . 基本財産の設定及び処分（担保提供を含む。）
③ . 毎事業年度の事業計画の決定及び変更
④ . 収支予算及び決算の決定
⑤ . 剰余金又は損失金の処理
⑥ . 借入金額の最高限度額の決定
⑦ . 社員の入社及び除名
⑧ . 本社団の解散
⑨ . 他の医療法人との合併契約の締結
⑩ . その他重要な事項

3 議事録の作成

社員総会を開催した場合には、その都度、審議内容を議事録に記録し、法人に保存します。

▶議事録記載事項

① . 開催年月日及び開催時刻
② . 開催場所
③ . 出席者氏名（定数）
④ . 議案
⑤ . 議案に関する発言内容
⑥ . 議案に関する表決結果
⑦ . 議事録署名人の署名、署名年月日

定時社員総会議事録例

医療法人社団××会
定時社員総会議事録

1. 日　　時　　平成○○年○○月○○日
2. 場　　所　　本法人診療所内において
3. 出席社員　　山田太郎、山田花子、山田次郎

　　　　　　　（本社団社員総数　3名のうち、出席者3名）

　本社団定款第28条により理事長　山田太郎が議長となり、定款第30条に規定する定款変更に必要な定足数に達したことを確認したのち、14時00分開会を宣し議事に入った。

　第1号議案　平成○○年度決算の承認の件

　議長は発言し、平成○○年度における本法人の経営状況全般について報告するとともに、平成○○年度決算書類（貸借対照表、損益計算書、財産目録）を各社員に配布し、詳細な説明を行った。

　ついで監事は発言し、平成○○年○○月○○日当法人の監査を行ったところ、資産の管理、経理帳簿そのほか正確である旨の報告を行った。

　議長は、社員全員にこの決算の承認を求めたところ、出席社員全員一同異議無く承諾し、本案は可決された。

第2号議案　理事及び監事改選の件

　議長は本議案を上程し、理事全員及び監事が本総会終結の時をもって任期満了することから、従前理事及び監事であった下記の者を選任したい旨を議場に諮ったところ全社員賛成し、原案通り可決された。被選任者は即時就任を承諾した。

記

理　　　事　　　山田　太郎
　　同　　　　　山田　花子
　　同　　　　　山田　次郎
監　　　事　　　山田　三郎

以上をもって本日の議事を終了したので議長は閉会を宣した。
（15時00分）

　本日の決議を確認するため出席社員全員が署名捺印する。

　　　　　　　　社員（議長）　　　山田　太郎　　印

　　　　　　　　社員　　　　　　　山田　花子　　印

　　　　　　　　社員　　　　　　　山田　次郎　　印

Q30 臨時社員総会の開催

臨時社員総会の開催を検討しています。手続きについて、特に注意することはありますか

Answer

■ 理事長は、必要に応じて、いつでも臨時社員総会を招集できます。ただし、開催の期日の5日前までに招集を通知する必要があります

解 説

【医療法第48条の3第3項】
理事長は、必要があると認めるときは、いつでも臨時社員総会を招集することができる。

【医療法第48条の3第6項】
社員総会の招集の通知は、その社員総会の日より少なくとも5日前に、その会議の目的である事項を示し、定款で定めた方法に従ってしなければならない。

1 臨時社員総会の開催

　医療法人の理事長は、いつでも臨時社員総会を招集することができます。医療法人の運営に関して、必要と思われる事態が発生した場合には、理事長は社員総会を招集し、開催します

　また、総社員の5分の1以上の社員から会議に付議すべき事項を示して臨時社員総会の招集を請求された場合には、理事長は、その請求のあった日から20日以内に、これを招集しなければなりません（医療法第48条の3第5項）。

2 招集の通知

　社員総会の招集は、期日の少なくとも5日前までに会議の目的である事項、日時及び場所を記載し、理事長がこれに記名した書面で社員に通知します。さらに、社員総会においては、あらかじめ通知した事項のほかは議決を行うことができません（ただし、緊急を要する場合にはこの限りではありません）。

臨時社員総会招集通知　記入例

平成××年×月×日

社員各位

東京都中央区日本橋箱崎町 1-8
医療法人　日本橋中央会
理事長　山田　太郎

臨時社員総会招集ご通知

拝啓　ますますご清栄のこととお喜び申しあげます。
　さて、当法人の臨時社員総会を下記により開催いたしますので、ご出席いただきますようご案内申しあげます。
　なお、当日ご出席いただけない場合は、書面により議決権を行使することができますので、後記参考書類をご検討のうえ、ご案内に従って議決権をご行使いただきますようお願い申しあげます。

1．日時　　　平成××年×月×日（土曜日）午後3時
2．場所　　　東京都中央区日本橋箱崎町 1-8　当法人内事務所
3．決議事項
　　第1号議案　　役員改選の件
　　第2号議案　　事業計画変更の件

以上

Q31 社員総会の議決

社員総会開催について、要件はありますか。議事が可否同数の場合には、どのように取り扱われるのでしょうか

Answer

- 社員総会は、総社員の過半数の出席がなければ開催することができません
- 社員総会の議事が可否同数の場合には、議長が決めることになります

解説

【医療法第48条の3】
1～8 （略）
9 社員総会は、定款に別段の定めがある場合を除き、総社員の過半数の出席がなければ、その議事を開き、議決することができない。
10 社員総会の議事は、定款に別段の定めがある場合を除き、出席者の議決権の過半数で決し、可否同数のときは、議長の決するところによる。
11 前項の場合において、議長は、社員として議決に加わることができない。

1 社員総会の開催

社員総会は、医療法人の最高意思決定機関です。したがって、総社員の過半数の出席がなければ、議事を開き、議決を行うことはできません。
また、モデル定款の規定では、医療法人の解散の決議は、総社員の4

分の３以上の賛成がなければ、決議できないこととなっています。

2 社員総会の議決

社員総会の議事は、定款に別段の定めがない限り、出席した社員の議決権の過半数で決し、可否同数のときは、議長が決めることとなります。また、会議の議決事項につき特別の利害関係を有する者は、当該事項につきその議決権を行使できません（医療法第48条の４第３項）。

■事例・事業計画の承認の議決が可否同数の場合

※ 社員A,B,C,D,E,Fのうちに議長がいる場合には、決議に加われません

■利害関係を有する場合とは？

社員より不動産を購入する場合の承認	売却する社員は、議決に加われません
社員へ金銭を貸し付ける場合の承認	貸付を受ける社員は議決に加われません

3 代理権の行使

社員総会の開催は、社員の出席を前提とします。しかし、やむを得ない事由により社員総会に出席できない場合もあります。その場合には、社員は、あらかじめ通知のあった事項についてのみ書面又は代理人をもって議決権及び選挙権を行使することができます。ただし、代理人は社員でなければなりません。

代理を受けた社員（代理人）は、代理権を証する書類を議長に提出します。

Q32 社員の議決権

医療法人の社員の議決権は出資額に応じて有するものなのですか

Answer

- 医療法人の社員の議決権は、出資した金額と関係ありません
- 出資社員は、1人につき、1票の議決権があります

解説

【医療法第48条の4第1項】
社員は、各1個の議決権を有する。

1 社員の議決権

医療法人の社員は、社員1人につき各1票の議決権を有します。

株式会社などの営利法人は、出資した金額（株数）に応じて議決権を有します。しかし、医療法人が同じような形態を採用した場合、出資額を多額に有する者の意向により医療法人の運営が左右されることとなります。その場合、医療法人の経営が、営利に傾斜する危険性も否定できません。このような理由から、医療法人の運営の安定性、公益性を保つため、社員の議決権を1人1票と決めたのです。

2 社員の入社

医療法人の設立時において、社員として入社した者が最初の社員となります。社員は、社員総会という合議体の一員なので、原則として3人以上必要です。その後、医療法人の社員を増員する場合には、その都度、社員総会の承認を経なければなりません（モデル定款第11条）。社員の

入社は、医療法人の運営に非常に重要な事項なので、慎重な審議が必要です。

❸ 社員名簿の作成
医療法人は、社員名簿を作成し、必要事項を記載して整理しなければなりません。

```
▶社員名簿の記載事項
①. 氏名              ⑤. 職業
②. 生年月日（年齢）   ⑥. 入社年月日（退社年月日）
③. 性別              ⑦. 出資額
④. 住所              ⑧. 持分の定めがある医療法人の場合は持
                        分割合
```

❹ 社員の資格喪失
社員は、次に掲げる理由によりその資格を失います。
- 除名
- 死亡
- 退社

また、社員であって、社員たる義務を履行せず本社団の定款に違反し又は品位を傷つける行為のあった者は、社員総会の議決を経て除名することができます。

❺ 出資を行わない社員は認められるのか
医療法人の社員になろうとする者は、社員総会の承認を得なければなりません。株式会社等の営利法人の場合、株式を取得する場合には、必ず対価を拠出しなければなりませんが、医療法人の社員は、その入社の際に、財産の拠出を必ず求められているものではありません。すなわち、拠出しない人も、自然人であれば、社員として入社できます。反対に自然人でない医療法人や株式会社等の団体は、拠出の有無にかかわらず、社員として入社できません。

Q33 事業報告書等の作成

医療法人が決算を迎えました。医療法上、決算において作成する書類を教えてください

Answer

- 決算において、医療法人が作成する書類は、事業報告書、財産目録、貸借対照表、損益計算書（以下「事業報告書等」）です
- 事業報告書等は、会計年度終了後2月以内に作成しなければなりません

解説

【医療法第51条】
1　医療法人は、毎会計年度終了後2月以内に、事業報告書、財産目録、貸借対照表、損益計算書その他厚生労働省令で定める書類（以下「事業報告書等」という。）を作成しなければならない。
2　理事は、事業報告書等を監事に提出しなければならない。
3　（略）

1 医療法人の決算

　医療法人は、毎会計年度終了後2月以内に、事業報告書等の書類を作成しなければなりません（会計年度は、定款に定めがあります）。営利法人は、会計年度終了後2月以内に、決算業務を行い、法人税、住民税等の申告を行います。そのほかは、別段の定めがない限り、行政機関に決算書類等を提出する必要はありません。しかし、公益性の高い医療法人は、医療法人の財政状態が不安定となった場合、患者への医療提供が滞る危険性があること、運営をより適正に行わなければならないことか

ら、事業報告書他の書類を都道府県知事に提出することとなっています。

最終的には、都道府県のチェックを受けるのですが、その前に医療法人の内部監査機関である監事の監査を受ける必要があります。まず会計年度終了後2ヵ月以内に事業報告書等を作成し、監事に提出します。

■医療法人の決算業務の流れ

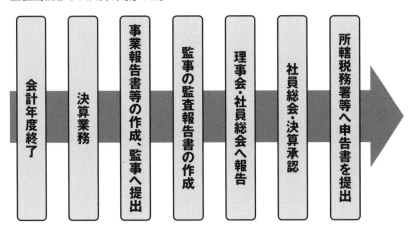

2 事業報告書等の作成

医療法人が、決算時に都道府県へ提出するために作成する書類は、事業報告書、財産目録、貸借対照表、損益計算書です。事業報告書には、医療法人の概要（名称、所在地、設立認可日、役員の明細など）、事業の概要（本来業務、附帯業務、医療機器の購入など）を明記します。

事業報告書の様式

事 業 報 告 書
（自　平成〇〇年〇〇月〇〇日　至　平成〇〇年〇〇月〇〇日）

1　医療法人の概要
　(1) 名　　称　　医療法人　団〇〇会
　　　　　　　　　① □ 財団　　□ 社団（　□ 出資持分なし　□ 出資持分あり）
　　　　　　　　　② □ 社会医療法人　　□ 特定医療法人　　□ 出資額限度法人
　　　　　　　　　　□ その他
　　　　　　　　　③ □ 基金制度採用　　□ 基金制度不採用
　　　　　　　　　注）①から③のそれぞれの項目（③は社団のみ。）について、該当する欄の□を塗りつぶすこと。（会計年度内に変更があった場合は変更後。）
　(2) 事務所の所在地　〇〇県〇〇郡（市）〇〇町（村）〇〇番地
　　　　　　　　　注）複数の事務所を有する場合は、主たる事務所と従たる事務所を記載すること。
　(3) 設立認可年月日　平成〇〇年〇〇月〇〇日
　(4) 設立登記年月日　平成〇〇年〇〇月〇〇日
　(5) 役員及び評議員

	氏　名	備　考
理 事 長	〇〇 〇〇	
理　事	〇〇 〇〇	
同	〇〇 〇〇	
同	〇〇 〇〇	〇〇病院管理者
同	〇〇 〇〇	〇〇病院管理者
同	〇〇 〇〇	〇〇診療所管理者
同	〇〇 〇〇	介護老人保健施設〇〇園管理者
監　事	〇〇 〇〇	
同	〇〇 〇〇	
評議員	〇〇 〇〇	医師（〇〇医師会会長）
同	〇〇 〇〇	経営有識者（〇〇経営コンサルタント代表）
同	〇〇 〇〇	医療を受ける者（〇〇自治会長）

　　　　注）1．社会医療法人及び特定医療法人以外の医療法人は、記載しなくても差し支えないこと。
　　　　　　2．理事の備考欄に、当該医療法人の開設する病院、診療所又は介護老人保健施設（医療法第42条の指定管理者として管理する病院等を含む。）の管理者であることを記載すること。（医療法第47条第1項参照）
　　　　　　3．評議員の備考欄に、評議員の選任理由を記載すること。（医療法第49条の4参照）

2 事業の概要
(1) 本来業務（開設する病院、診療所又は介護老人保健施設（医療法第42条の指定管理者として管理する病院等を含む。）の業務）

種　類	施設の名称	開　設　場　所	許可病床数
病院	○○病院	○○県○○郡（市）○○町（村）○○番地	一般病床　　○○床 療養病床　　○○床 [医療保険　　○○床] [介護保険　　○○床] 精神病床　　○○床 感染症病床　○○床 結核病床　　○○床
診療所	○○診療所 【○○市（町、村）から指定管理者として指定を受けて管理】	○○県○○郡（市）○○町（村）○○番地	一般病床　　○○床 療養病床　　○○床 [医療保険　　○○床] [介護保険　　○○床]
介護老人保健施設	○○園	○○県○○郡（市）○○町（村）○○番地	入所定員　○○○名 通所定員　○○名

注）1. 地方自治法第244条の2第3項に規定する指定管理者として管理する施設については、その旨を施設の名称の下に【　　】書で記載すること。
　　2. 療養病床に介護保険適用病床がある場合は、医療保険適用病床と介護保険適用病床のそれぞれについて内訳を[　　]書で記載すること。
　　3. 介護老人保健施設の許可病床数の欄は、入所定員及び通所定員を記載すること。

(2) 附帯業務（医療法人が行う医療法第42条各号に掲げる業務）

種類又は事業名	実　施　場　所	備　　考
訪問看護ステーション○○	○○県○○郡（市）○○町（村）○○番地	
○○在宅介護支援センター 【○○市（町、村）から委託を受けて管理】	○○県○○郡（市）○○町（村）○○番地	

注）地方公共団体から委託を受けて管理する施設については、その旨を施設の名称の下に【　　】書で記載すること。

(3) 収益業務（社会医療法人が行うことができる業務）

種　　　　類	実　施　場　所	備　　　考
駐車場業	○○県○○郡（市）○○町（村）○○番地	
料理品小売業	○○県○○郡（市）○○町（村）○○番地	

(4) 当該会計年度内に社員総会又は評議員会で議決又は同意した事項
　　　　平成○○年○○月○○日　　平成○○年度決算の決定
　　　　平成○○年○○月○○日　　定款の変更
　　　　平成○○年○○月○○日　　社員の入社及び除名
　　　　平成○○年○○月○○日　　理事、監事の選任、辞任の承認
　　　　平成○○年○○月○○日　　平成○○年度の事業計画及び収支予算の決定
　　　　　　〃　　　　　　　　　　平成○○年度の借入金額の最高限度額の決定
　　　　　　〃　　　　　　　　　　医療機関債の発行（購入）の決定

注）(5)、(6)については、医療機関債を発行又は購入する医療法人が記載し、(7)以下については、病院又は介護老人保健施設を開設する医療法人が記載し、診療所のみを開設する医療法人は記載しなくても差し支えないこと。

(5) 当該会計年度内に発行した医療機関債
　　　注）医療機関債の発行総額、申込単位、申込期間、利率、払込期日、資金使途、償還の方法及び期限を記載すること。なお、発行要項の写しの添付に代えても差し支えない。
　　　　　医療機関債を医療法人が引き受けた場合には、当該医療法人名を全て明記すること。

(6) 当該会計年度内に購入した医療機関債
　　　注）１．医療機関債を購入する医療法人は、医療機関債の発行により資産の取得が行われる医療機関と同一の二次医療圏内に自らの医療機関を有しており、これらの医療機関が地域における医療機能の分化・連携に資する医療連携を行っており、かつ、当該医療連携を継続することが自らの医療機関の機能を維持・向上するために必要である理由を記載すること。
　　　　　２．購入した医療機関債名、発行元医療法人名、購入総額及び償還期間を記載すること。なお、契約書又は債権証書の写しの添付に代えても差し支えない。

(7) 当該会計年度内に開設（許可を含む）した主要な施設
　　　　平成○○年○○月○○日　　○○病院開設許可（平成○○年開院予定）
　　　　平成○○年○○月○○日　　○○診療所開設
　　　　平成○○年○○月○○日　　訪問看護ステーション○○開設

(8) 当該会計年度内に他の法律、通知等において指定された内容
　　　平成〇〇年〇〇月〇〇日　　公害健康被害の補償等に関する法律の公害医療機関
　　　平成〇〇年〇〇月〇〇日　　小児救急医療拠点病院
　　　平成〇〇年〇〇月〇〇日　　エイズ治療拠点病院
　　　注）全ての指定内容について記載しても差し支えない。

(9) その他
　　　注）当該会計年度内に行われた工事、医療機器の購入又はリース契約、診療科の新設又は廃止等を記載する。（任意）

出典：『医療法人運営の手引』東京都福祉保健局医療政策部、平成26年、100-103頁。

財産目録の様式

法人名　_____　　医療法人番号 □□□□□
所在地　_____

財　産　目　録
（平成　年　月　日現在）

1. 資　産　額　　　　　×××　千円
2. 負　債　額　　　　　×××　千円
3. 純　資　産　額　　　×××　千円

（内訳）　　　　　　　　　　　　　　　　　　　　　　　　　（単位：千円）

区　分	金　額
A　流　動　資　産	×××
B　固　定　資　産	×××
C　資　産　合　計　　　　　　　（A＋B）	×××
D　負　債　合　計	×××
E　純　資　産　　　　　　　　　（C－D）	×××

(注) 財産目録の価額は、貸借対照表の価額と一致すること。

土地及び建物について、該当する欄の□を塗りつぶすこと。
　　　土　　地　（□ 法人所有　□ 賃借　□ 部分的に法人所有(部分的に賃借)）
　　　建　　物　（□ 法人所有　□ 賃借　□ 部分的に法人所有(部分的に賃借)）

出典：『医療法人運営の手引』東京都福祉保健局医療政策部、平成26年、108頁。

◆**事業報告書等の様式例**

　事業報告書、財産目録のほか以下の様式の貸借対照表、損益計算書を作成します。

貸借対照表の様式

法人名 ＿＿＿＿＿＿＿＿＿＿＿＿＿＿＿＿＿　　医療法人番号 □□□
所在地 ＿＿＿＿＿＿＿＿＿＿＿＿＿＿＿＿＿

貸借対照表（診療所）
（平成　年　月　日現在）

（単位：千円）

資産の部		負債の部	
科　目	金　額	科　目	金　額
Ⅰ　流動資産	×××	Ⅰ　流動負債	×××
Ⅱ　固定資産	×××	Ⅱ　固定負債	×××
1　有形固定資産	×××	（うち医療機関債）	×××
2　無形固定資産	×××	負債合計	×××
3　その他の資産	×××	純資産の部	
（うち保有医療機関債）	×××	科　目	金　額
		Ⅰ　資本剰余金	×××
		Ⅱ　利益剰余金	×××
		1　代替基金	×××
		2　その他利益剰余金	×××
		Ⅲ　評価・換算差額等	×××
		Ⅳ　基　金	×××
		純資産合計	×××
資産合計	×××	負債・純資産合計	×××

（注）1．この様式は、「新法の医療法人」が使用します。

出典：『医療法人運営の手引』東京都福祉保健局医療政策部、平成26年、111頁。

損益計算書の様式

法人名 _____ 医療法人番号 ☐☐☐☐
所在地 _____

損益計算書（診療所）

（自 平成　年　月　日 至 平成　年　月　日）

（単位：千円）

科目	金額
Ⅰ　事業損益	
A　本来業務事業損益	
1　事業収益	×××
2　事業費用	×××
本来業務事業利益	×××
B　附帯業務事業損益	
1　事業収益	×××
2　事業費用	×××
附帯業務事業利益	×××
事業利益	×××
Ⅱ　事業外収益	×××
Ⅲ　事業外費用	×××
経常利益	×××
Ⅳ　特別利益	×××
Ⅴ　特別損失	×××
税引前当期純利益	×××
法人税等	×××
当期純利益	×××

（注）1．利益がマイナスとなる場合には、「利益」を「損失」と表示すること。
　　　2．表中の科目について、不要な科目は削除しても差し支えないこと。

出典：『医療法人運営の手引』東京都福祉保健局医療政策部、平成26年、114頁。

Q34 書類の閲覧

医療法人の債権者から決算書を見せてほしいと請求がありました。開示する必要があるのでしょうか

Answer

- 医療法人の社員、評議員、債権者から決算書等の閲覧請求があった場合には、正当な理由がない限り、開示しなければなりません
- 開示する書類は、事業報告書等、監事の監査報告書、定款又は寄附行為です

解説

【医療法第51条の2第1項】
医療法人（社会医療法人を除く。）は、次に掲げる書類を各事務所に備え置き、その社員若しくは評議員又は債権者から請求があった場合には、正当な理由がある場合を除いて、これを閲覧に供しなければならない。
　一　事業報告書等
　二　第46条の4第7項第三号の監査報告書（以下「監事の監査報告書」という。）
　三　定款又は寄附行為

1 書類の閲覧

医療法人は、次に掲げる書類を事務所に備え付けて置かなければなりません。

> **▶事務所に備えつけて置く書類**
> ①. 事業報告書
> ②. 財産目録
> ③. 貸借対照表
> ④. 損益計算書
> ⑤. 監事の監査報告書 ← 監事の監査報告書は、社員総会に報告したもの
> ⑥. 定款又は寄附行為

　そして、医療法人の社員、債権者、評議員等からこれらの書類の開示請求があった場合には、閲覧の用に供することとなります。事業報告書等を開示することによって、医療法人の適正な業務運営及び利害関係人の保護を図ることができるのです。なお、備付けを怠った場合、記載すべき事項を記載していない場合若しくは虚偽の記載をした場合又は正当な理由なく閲覧を拒否した場合は、20万円以下の過料に処せられます。

> **▶ケーススタディ・患者には財務諸表を開示しなくてもよい** 〔コラム〕
>
> 　異議申立人A（介護老人保健施設の利用者の親族）は、「医療法人○○会の決算報告書」の開示を求めて開示請求をY県に行いました。その理由は、安心して介護老人保健施設の選択をするためには、経営状態を福祉サービスの内容と共に公表しなければならず、利用を希望する県民の生命、健康と生活、財産を保護するために必要だからです。
> 　Y県は、本件文書を不開示とする決定を行いました。その理由は、医療法人の債権者については、医療法人の財務諸表の閲覧を求めることはできるとし、債権者の保護を図っているものの、法の規定により閲覧を求めることができる者は債権者に限られており、一般への公開は予定されていないためです。また、決算書類の情報は、医療法人の経理、経営方針等の内部管理情報であって、これを開示することにより、医療法人の権利、競走上の地位その他正当な利益を害するおそれがあるからです。

Q35 決算の届出

医療法人の決算の届出はいつまでに提出しなければなりませんか

Answer

- 医療法人の決算届は、会計年度終了後3月以内に提出します
- 提出先は、医療法人所在地の各都道府県です

解説

【医療法第52条第1項】
医療法人は、厚生労働省令で定めるところにより、毎会計年度終了後3月以内に、次に掲げる書類を都道府県知事に届け出なければならない。
一 事業報告書等
二 監事の監査報告書
三 (略)

1 決算の届出

医療法人は、会計年度終了後3月以内に、決算の届出を都道府県知事に提出しなければなりません。

▶決算届に必要な書類
①.事業報告書
②.財産目録
③.貸借対照表
④.損益計算書
⑤.監事の監査報告書

2 決算届は、なぜ必要か

　医療法人は、決算を都道府県知事に届け出ることが義務付けられています。これは、医療法人の経営の実態を把握するためであるとともに、剰余金の配当禁止等の規定が守られているか否かの確認のためです。

　決算届をチェックし、医療法人の業務若しくは会計が法令、定款又は寄附行為に違反している疑いがあり、その運営が著しく適正を欠く疑いがあると認めるときは、都道府県は、医療法人に対し報告を求めることとなります。さらに、医療法人の事務所に立ち入り、業務若しくは会計の状況を検査することもあります（Q40参照）。

■決算届提出までの流れ

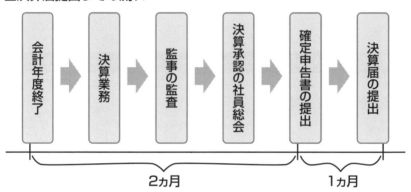

※ 会計年度終了から3ヵ月以内に決算届を提出します。

Q36 決算書類の公開

医療法人の決算書類が、第三者に公開されると聞きましたが、本当ですか。公開の書類、公開方法について、具体的に教えてください

Answer

- 平成19年4月1日以降開始の事業年度の決算は、第三者が閲覧することができます
- 閲覧期間は3年間で、閲覧を希望する者は、都道府県に申請を行います

解説

【医療法第52条第2項】
都道府県知事は、定款若しくは寄附行為又は前項の届出に係る書類について請求があった場合には、厚生労働省令で定めるところにより、これを閲覧に供しなければならない。

【医療法施行規則第33条の2第2項】
法52条第2項の閲覧は、同条第1項の届出に係る書類であって過去3年間に届け出られた書類について行うものとする。

1 決算書類の閲覧

平成19年4月1日の医療法改正で、医療法人の決算書類の第三者閲覧が可能となりました。

改正当時、同族経営が多数を占める医療法人において、決算書類の公開の必要性の是非が問われましたが、医療法人は社会保険診療を収入の原資としており、公益性が高い組織のため、健全な経営が必要とのことから、決算書類等の第三者閲覧が規定されました。

❷ 閲覧の期間

閲覧期間は、3年間で、都道府県に提出した事業年度報告書、財産目録、貸借対照表、損益計算書、監事監査報告書の閲覧が可能です。閲覧方法は、都道府県の所轄部署（東京都の場合は、東京都福祉保健局医療安全課医療法人係）に赴き、所定の手続きをとれば、決算書類等の閲覧ができます。

閲覧請求について

○閲覧請求の手順

1. 窓口にある「閲覧書類閲覧請求書」に必要事項を記入して下さい。
   ・氏名欄には会社名も記載して下さい。
   ・1枚の請求書に、複数の法人名を記載して構いません。

2. 医療法人名簿で法人番号を確認し、閲覧したい医療法人の番号を請求書に控えてください。
   ・「厚生」の欄に「○」がついている法人は、関東信越厚生局で閲覧しています。都では閲覧していません。

3. 「事業報告等提出書」については、後方のキャビネット（「事業報告等提出書閲覧書類」の貼り紙のあるキャビネット）にございますので、そのキャビネットから必要なファイル（法人番号順）を取り出し、窓口で閲覧して下さい。「定款」については、職員が直接お渡しします。

4. 閲覧が終わりましたら、ファイルを元の場所に戻して、職員に終了した旨を告げ、「閲覧書類閲覧請求書」を提出して下さい。定款は職員にお渡し下さい。

○注意事項

1. 閲覧請求は窓口のみです。

2. ファイルは同時に複数冊持ち出さないようにして下さい。

3. 事業報告等提出書はファイルから取り外さないで下さい。

4. 閲覧書類のコピーをとったり、カメラ等で撮影することはできません。また、閲覧中は携帯電話を使用しないで下さい。メモをとることは構いません。

5. 閲覧したい医療法人の事業報告等提出書がファイルにない場合は、国所管法人であるか、閲覧時点で届出がない医療法人、若しくは、届出はあったが書類に不備があり調整中の医療法人等です。

6. 「事業報告等提出書」については、平成19年4月1日以降に始まる会計年度からが閲覧対象となります。平成19年3月31日以前に始まった会計年度については閲覧対象外です。

※上記の注意事項を厳守して頂けない場合、今後、閲覧請求を受け付けないこともございます。予めご了承下さい。

[閲覧時間]　午前　9時から12時00分まで
　　　　　　午後　1時から　5時00分まで
※正午から午後1時までは閲覧できませんのでご注意下さい。

福祉保健局医療政策部医療安全課医療法人係

Q37 剰余金の配当禁止

医療法人の業績が良く、多額の利益が発生しました。出資者に配当することは可能でしょうか

Answer

- 医療法人は、利益配当を行うことができません
- 配当に類似する行為（出資者に対する多額な賃借料等）も禁止されています

解説

【医療法第54条】
医療法人は、剰余金の配当をしてはならない。

1 剰余金の配当禁止

医療法人は、利益配当を行うことが禁止されています。医療法人が営利を目的として存在するものではないからです。もちろん、事業継続のために利益を計上することは必要です。しかし、その獲得した利益を出資者に配当することが可能であれば、不必要な医療サービスによって多額の利益を計上し、多くの配当を出資者に分配しようとする危険性も否定できません。

医療法人に利益が生じた場合には、施設の整備、改善等に充てるほか、すべて積立金として留保すべきこととなります。また、会計上の配当ではなくとも、事実上利益の分配とみなされる行為も禁止されています。

2 配当とみなされる行為とは

以下のような行為は、配当とみなされる行為として禁止されています。

▶配当とみなされる行為

① . 役員の地位のみに基づいて高額な報酬を支払うこと
② . 医療法人と取引のある関連法人に対して、通常の取引価格よりも高額の対価を支払うこと
③ . 医療法人が賃借している不動産の所有者と医療法人の社員が同じである場合において、近隣相場よりも高額の賃料を支払っていること
④ . 医院の収入に応じて、定率の賃料を支払っていること
⑤ . 関連会社より資金の借入れを行い、利益に応じて金利を支払っていること
⑥ . 役員への不当な利益の供与

※ 医療法第54条に違反して剰余金の配当をした場合は、医療法人の理事、監事又は清算人に20万円以下の過料が科されます。

コラム

▶医療法人の利益の使途

　医療法人は、法律において配当が禁止されています。では、その内部に留保された利益は、どのように使われるべきなのでしょうか。厚生労働省は、第5次医療法改正を審議していた当時、医療法人の利益の使途を明確に規定すべきと主張していました。たとえば、設備整備に要する費用、医療従事者を含めた法人職員に対する給与改善費用、将来の施設整備に係る積立金などです。しかし、医療法に剰余金の使途を明記した場合、法人運営の自主性を阻害する可能性が高いとして見送りとなりました。

Q38 医療法人の解散

医療法人は、どのような場合に解散するのですか。解散した後の手続きを教えてください

Answer

■ 医療法人は、定款に定めた解散事由の発生など7つの理由により解散します
■ 解散には、都道府県知事の認可を必要とする場合があります

解説

【医療法第55条】
1　社団たる医療法人は、次の事由によって解散する。
　一　定款をもって定めた解散事由の発生
　二　目的たる業務の成功の不能
　三　社員総会の決議
　四　他の医療法人との合併
　五　社員の欠乏
　六　破産手続開始の決定
　七　設立認可の取消し
2～5　（略）
6　第1項第二号又は第三号に掲げる事由による解散は、都道府県知事の認可を受けなければ、その効力を生じない。
7・8　（略）

1 解散事由

医療法人の解散事由とその内容については、次の通りです。

定款又は寄附行為で定めた解散事由の発生	客観的に定まっているものが必要。「理事長又は理事全員の意思による」などは無効。
目的たる業務の不成功	法人の予定した目的が完了できない場合。病院又は診療所の焼失等は該当しない。
社員総会の決議	都道府県知事の認可が必要。さらに総社員の4分の3以上の賛成が必要。
他の医療法人との合併	Q39参照
破産	破産の要件は、債務超過をもって足りる。医療法人がその債務を完済することができなくなったときは、理事若しくは債権者の請求により裁判所は職権をもって破産宣告をする。
設立認可の取消し	医療法人成立後、1年以上医療施設を開設しない場合や法令違反、命令違反などにより都道府県知事が認可を取り消した場合

2 解散の認可

　目的たる業務の成功の不能又は社員総会の決議により解散する場合には、都道府県知事の認可を必要とします。定款においても、解散は社員総会の決議事項（4分の3以上の賛成を必要とする）となっていますが、恣意的な解散を簡単に認めれば、患者に対する医療提供が滞ることとなります。そのような解散を防ぐために、都道府県が管理を行っているのです。

Q39 医療法人の合併

医療法人（社団）が合併を行うことは可能ですか。合併の手続きについて教えてください

Answer

- 社団である医療法人は、総社員の同意により、他の社団医療法人と合併できます
- 合併には、都道府県知事の認可が必要です

解説

【医療法第57条】
1　社団たる医療法人は、総社員の同意があるときは、他の社団たる医療法人と合併をすることができる。
2〜4　（略）
5　合併は、都道府県知事の認可を受けなければ、その効力を生じない。
6　（略）

1 医療法人の合併

医療法では、2つの医療法人が1つの医療法人に合併することを認めています。

合併は、複雑な手続きや医療法人間の利益調整を必要としますが、資金の集積の拡大、経営力の充実、経営の合理化、能率化への寄与といったメリットがあります。医療機関の競争が激しい今日では、今後、医療法人の合併が増えることでしょう。また、合併には、社員全員の同意を必要とし、都道府県知事の認可も受けなければなりません。

2 合併手続き

医療法人の合併の流れについては、以下の通りです。

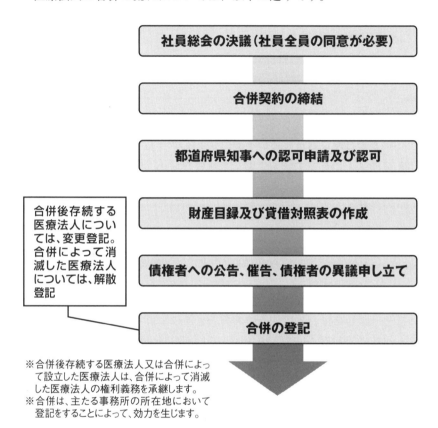

※合併後存続する医療法人又は合併によって設立した医療法人は、合併によって消滅した医療法人の権利義務を承継します。
※合併は、主たる事務所の所在地において登記をすることによって、効力を生じます。

3 新設合併の場合

持分の定めのある医療法人同士が合併する場合であっても、その合併によって新たな医療法人を設立する場合（新設合併の場合）には、その医療法人が解散した場合の残余財産は、国等に帰属することになります（すなわち、持分の定めのない医療法人になります）。

Q40 立ち入り検査

都道府県が医療法人に立ち入り検査を行うのは、どのような場合ですか

Answer

- 立ち入り検査を行うのは、医療法人の業務、会計が法令、定款又は寄附行為に違反している疑いがある場合です
- 医療法人に会計の状況に関して報告を求め、業務若しくは会計の状況を検査します

解説

【医療法第63条第1項】
都道府県知事は、医療法人の業務若しくは会計が法令、法令に基づく都道府県知事の処分、定款若しくは寄附行為に違反している疑いがあり、又はその運営が著しく適正を欠く疑いがあると認めるときは、当該医療法人に対し、その業務若しくは会計の状況に関し報告を求め、又は当該職員に、その事務所に立ち入り、業務若しくは会計の状況を検査させることができる。

1 立ち入り検査の目的

所轄行政機関である都道府県は、医療法人の事務所へ立ち入り検査することが可能です。医療法人は、基本的には、適正な自主運営を原則とするのですが、医療法人の業務、会計が不適正である疑いがある場合には、医療法人へ報告を求め、検査を行います。都道府県のチェックにより、法令遵守（コンプライアンス）が確保されるのです。

2 検査までの順序

医療法人が毎期提出する決算届や監事の監査報告書を確認し、報告を求めるか否か、立ち入り検査を行うか否かを判断します。

報告を怠り、若しくは虚偽の報告をし、検査を拒んだり妨げた場合には、20万円以下の過料に処されます（医療法第76条第1項四の二）。

3 医療法人の概要説明

都道府県によっては、以下の「医療法人の概要」の提出を求め、関連の医療施設等を確認しています（下記書式は東京都の場合）。

出典：『医療法人運営の手引』東京都福祉保健局医療政策部、平成26年、122頁。

Q41 業務停止、役員の解任

都道府県の検査の結果、医療法人の運営が不適正であった場合には、どのような処分があるのですか

Answer

- 医療法人に対して、期限を定めて、必要な措置をとるよう命令が出されます
- 医療法人が命令に従わないときは、業務の停止を命じ、又は役員の解任を勧告することもあります

解説

【医療法第64条】
1 都道府県知事は、医療法人の業務若しくは会計が、法令、法令に基づく都道府県知事の処分、定款若しくは寄附行為に違反し、又はその運営が著しく適正を欠くと認めるときは、当該医療法人に対し、期限を定めて、必要な措置をとるべき旨を命ずることができる。
2 医療法人が前項の命令に従わないときは、都道府県知事は、当該医療法人に対し、期間を定めて業務の全部若しくは一部の停止を命じ、又は役員の解任を勧告することができる。
3 （略）

1 医療法人に対する命令

適正な運営を行っていない医療法人については、都道府県より期限を定めて改善の命令が出されます。非営利を原則とする医療法人ですが、脱税、横領、診療報酬の不正請求など不法行為を行う医療法人がなくな

ることはありません。医療法人の適正な運営を保つため、行政機関のチェックと罰則が存在するのです。

2 命令に従わないときは

医療法人が、都道府県知事の命令に従わない場合には、期間を定めて業務の全部若しくは一部の停止を命令します。

■都道府県の検査、命令の流れ

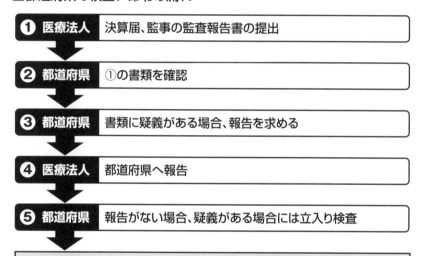

Q42 設立認可の取消し

医療法人の設立認可が取り消される場合について教えてください

Answer

- 医療法人の成立後、1年以上医療施設を開設しなかった場合や1年以上すべての施設を休止した場合には、設立認可の取消しがあります
- 医療法人の法令違反や命令違反の場合にも設立認可が取り消されます

解説

【医療法第65条】
都道府県知事は、医療法人が、成立した後又はすべての病院、診療所及び介護老人保健施設を休止若しくは廃止した後1年以内に正当な理由がないのに病院、診療所又は介護老人保健施設を開設しないとき、又は再開しないときは、設立の認可を取り消すことができる。

【医療法第66条】
都道府県知事は、医療法人が法令の規定に違反し、又は法令の規定に基づく都道府県知事の命令に違反した場合においては、他の方法により監督の目的を達することができないときに限り、設立の認可を取り消すことができる。

1 設立認可が取り消される場合

医療法人の設立認可を受け、医療法人が登記を行った場合でも、設立認可が取り消されるケースがあります。

- 1年以上医療施設を開設しない場合（登記した日から起算）
- 法令違反、命令違反について、改善の見込みがない場合

　今回の医療法改正でも、休眠している医療法人については、積極的に認可を取り消し、不必要な病床の削減を求めています。加えて、介護報酬、診療報酬の不正受給を行う医療法人の事件が多発していることから、厚生労働省は、医療法人の不正行為に対する罰則を厳しくする方針です。

　東京都では、平成18年、介護老人保健施設「すずしろの郷」などを運営していた医療法人社団杏稜会に対し、命令に従わないなど違法状態が改善される見込みがないとして、医療法人の設立認可の取り消しを行いました。

2 認可取消しの目的

　設立認可の取消しにより、医療法人は、当然解散します（医療法第55条第1項第七号）。その意味では、実質的な解散命令と違いはありません。本条の趣旨は、医業を営む意思がないにもかかわらず医療法人を設立する等この制度の悪用を防ぐためです。

3 正当な理由とは

　医療法人が、正当な理由により医療施設の開設が遅れた場合には、認可を取り消すことはできません。この「正当な理由」とは、天災等不測の事態のために1年以内に開業できないなどが挙げられます。

▶弁明の機会の供与（医療法第67条）

医療法人の設立認可取消しなどの行政処分については、被処分者（医療法人）の保護のため、弁明の機会が与えられています。
- 弁明の機会が与えられるケース
　設立の不認可処分（第44条第1項）
　解散の不認可処分（第55条第3項）
　合併の不認可処分（第57条第4項）
　業務の全部又は一部の停止命令若しくは役員の解任の勧告（第64条第2項）
　設立認可の取消処分（第65条、第66条）

Q43 複数の都道府県に医療施設を持つ場合

診療所をA県とB県に開設したいと考えています。特別な取扱いはありますか

Answer

■ 複数の都道府県に医療施設を有する場合、所轄行政機関が、都道府県から厚生労働省となります
■ 社会医療法人の承認、医療法人の設立及び医師以外の者を理事長とする場合の承認などの認可申請は、都道府県を経由して行います

解説

【医療法第68条の2】
1　2以上の都道府県の区域において病院、診療所又は介護老人保健施設を開設する医療法人に係るこの章の規定の適用については、第42条の2第1項及び第2項、(略) 中「都道府県知事」とあるのは「厚生労働大臣」と、第45条第2項、(略) 中「都道府県医療審議会」とあるのは「社会保障審議会」(略) とする。
2　前項の規定により読み替えて適用される第42条の2第1項の規定による認定並びに (略) 第57条第5項の規定による認可の申請は、都道府県知事を経由して行わなければならない。この場合において、都道府県知事は、必要な調査をし、意見を付するものとする。

1 厚生労働省所轄の医療法人

複数の都道府県にわたって病院等を開設する医療法人は、所轄行政機

関が都道府県から厚生労働省へ代わります。従来、このような医療法人については、主たる事務所がある都道府県知事が管理監督を行い、病院、診療所等の施設の開設許可及び運営に係る指導監督については、病院等開設地の都道府県知事が行っていました。しかし、行政機関相互の連絡を図る具体的な方法が存在せず、医療法人内部で看護師等有資格者を融通し、施設基準を調整するような事件が起きました。このため、医療法人の病院等の運営に係る不正等を確認するため、複数の都道府県の区域において病院等を開設する医療法人の設立認可等については、厚生労働大臣が所掌することとしたのです。

■都道府県と厚生労働省の連携図（定款変更の場合）

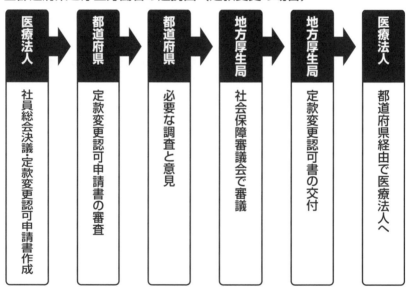

医療法人　社員総会決議・定款変更認可申請書作成 → 都道府県　定款変更認可申請書の審査 → 都道府県　必要な調査と意見 → 地方厚生局　社会保障審議会で審議 → 地方厚生局　定款変更認可書の交付 → 医療法人　都道府県経由で医療法人へ

Q44 社会医療法人

社会医療法人とは何ですか。社会医療法人の特徴について教えてください

Answer

- 社会医療法人は、地域の計画に基づいた医療を提供するために、一定の基準を満たし、認定を受けた法人です
- 社会医療法人は、救急医療等確保事業の実施など所定の事業が義務付けられています

解説

【医療法第42条の2第1項】
医療法人のうち、次に掲げる要件に該当するものとして、政令で定めるところにより都道府県知事の認定を受けたもの（以下「社会医療法人」という。）は、その開設する病院、診療所又は介護老人保健施設の業務に支障のない限り、定款又は寄附行為の定めるところにより、その収益を当該社会医療法人が開設する病院、診療所又は介護老人保健施設の経営に充てることを目的として、厚生労働大臣が定める業務を行うことができる。
一～七　（略）

1 社会医療法人制度の趣旨

社会医療法人制度は、救急医療やへき地医療、周産期医療など特に地域で必要な医療の提供を行う医療法人を社会医療法人として位置づけ、良質かつ適切な医療を効率的に提供する体制を確保するために設けられました。

2 社会医療法人の認定要件

社会医療法人の認定を受けるためには、以下の要件を満たさなければなりません。

> ①．役員のうち、同族関係者が3分の1を超えないこと
> ②．社員のうち、同族関係者が3分の1を超えないこと
> ③．評議員のうち、同族関係者が3分の1を超えないこと
> ④．救急医療等確保事業に係る業務を当該病院又は診療所の所在地の都道府県において行っていること
> ⑤．厚生労働大臣が定める施設基準を満たしていること
> ⑥．公的な運営に関する基準を満たしていること
> ⑦．定款又は寄附行為において解散時の残余財産を国、地方公共団体又は他の社会医療法人に帰属させる旨を定めていること

3 社会医療法人の取消し

社会医療法人が、その認定後、要件を満たさないこととなった場合には、立ち入り検査、改善命令が行われたのち、その認定が取り消されます。取り消された場合には、非課税事業として計上された収益の額は、遡って、課税されることとなります。

Q45 社会医療法人の優遇措置

社会医療法人に適用される優遇措置は、何がありますか

Answer

- 社会医療法人が行う医療保健業に係る法人税は、非課税となります
- 社会医療法人が取得する救急医療等確保事業に係る不動産の不動産取得税、固定資産税は、非課税となります
- 社会医療法人は、収益事業を実施することができます

解説

1 社会医療法人の法人税の取扱い

社会医療法人は、法人税法上、公益法人と同じ取り扱いとなります。社会医療法人が行う収益事業については、利益に対して、19%の税率が適用され、収益事業以外の事業は非課税となります。他の公益法人と大きな違いは、公益法人が行う医療保健業が課税であるの対して、社会医療法人が行う医療保健業が非課税となる点です。すなわち、社会医療法人が行う医療に係る収入は、税金が非課税となるのです。

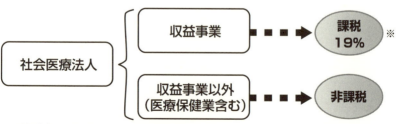

※ 所得金額が年800万円以下の金額は15%。

2 不動産取得税、固定資産税の非課税

社会医療法人が取得する直接救急医療等確保事業に係る業務の用に供する不動産（有料駐車場施設、飲食店、喫茶店及び物品販売施設を除く）に係る不動産取得税、固定資産税及び都市計画税については、非課税となります。

3 収益業務の実施

社会医療法人は、厚生労働大臣が定める収益業務を行うことが可能です。この収益業務は、金融業、風俗業など医療法人として適切でない事業以外の事業を行うことができます。しかし、この収益業務から生ずる収益は、すべて医療事業のために使われなければなりません。もし、赤字が生じ、医療事業の収益から繰り入れすることがあった場合には、社会医療法人の認可が取り消される可能性もあります。

※各事業の収支を明確にするため、収益業務に関する会計は、他の事業の会計と明確に区分して経理しなければなりません。

Q46 評議員会の設置（財団医療法人）

財団医療法人の設立を考えています。評議員会の役割について、教えてください

Answer
- 評議員会は、理事長の諮問機関です
- 事業計画の決定、寄附行為の変更などの決議事項は、評議員会の同意を得なければなりません

解説

【医療法第49条】
1　財団たる医療法人に、評議員会を置く。
2　評議員会は、理事の定数を超える数の評議員をもって、組織する。
3　評議員会は、理事長が招集する。
4　評議員会に、議長を置く。
5～8　（略）

1 財団医療法人の設立

財団は、個人又は法人が無償で寄付した財産により設立される法人です。もちろん、医療法人への財産の提供者に対して持分は認めず、運営は理事会によって行われます。

2 評議員会とは

評議員会は、理事長（理事会）の諮問機関です。理事長又は理事会の諮問に応じて、自発的にその事項につき意思決定をし、意見を述べる機

能を持っています。ただし、理事長（理事会）は、その諮問の答申について、拘束される必要はありません。

> ▶**評議員会の意見を聞かなければならない事項**
> ①．予算、借入金（当該会計年度内の収入をもって償還する一時の借入金を除く。）及び重要な資産の処分に関する事項
> ②．事業計画の決定又は変更
> ③．寄附行為の変更
> ④．合併
> ⑤．目的たる業務の成功の不能による解散

※ これらの事項は、寄附行為をもって評議員会の議決を必要とすることもできます。

3 評議員会の報告徴収権

　評議員会は、医療法人の業務若しくは財産の状況又は役員の業務執行の状況について、役員に対して意見を述べ、若しくはその諮問に答えるほか、役員から報告を求めることもできます。

　また、医療法人の理事長は、毎会計年度終了後3月以内に、決算及び事業の実績を評議員会に報告し、その意見を求めなければなりません（医療法第49条の3第1項、第2項）。

Q47 評議員となるべき者

評議員に推薦する者で悩んでいます。具体的に適任の業種などはありますか

Answer

- 評議員となるべき者について、医療法に規定が追加されました
- 具体的には、医師、歯科医師、薬剤師、看護師、患者などです

解説

【医療法第49条の4】
1　評議員となる者は、次に掲げる者とする。
　一　医療従事者のうちから、寄附行為の定めるところにより選任された者
　二　病院、診療所又は介護老人保健施設の経営に関して識見を有する者のうちから、寄附行為の定めるところにより選任された者
　三　医療を受ける者のうちから、寄附行為の定めるところにより選任された者
　四　前三号に掲げる者のほか、寄附行為の定めるところにより選任された者
2　評議員は、当該財団たる医療法人の役員を兼ねてはならない。

1 評議員となるべき者

　財団医療法人の評議員会は、理事長又は理事会の諮問機関として意見提出等を行います（Q46参照）。改正前の医療法においては、評議員に関する規定はなく、どのような者を評議員に選任するかは、法人の決定

に委ねられていました。しかし、専門性の高い医療サービスを提供する医療法人は、その経営も他のサービス産業と比較して大変特殊なものといえます。医療法人の運営に関して意見提出を行うためには、様々な医療に関する専門的な知識と経験が必要となるでしょう。そのため、医療法人の評議員となるべき者について、医療の知識、経験を有する専門性の高い人材を選任させることを明記したのです。

2 地域社会に必要とされるために

医療法人は、地域社会に必要とされる医療サービスの提供を使命としています。どのような医療サービスを住民が必要としているかについて、医療法人の経営者は常に頭を悩ませています。医療法人の評議員に医療の提供を受ける者（患者）を選任し、地域社会から参加を求めることは、医療法人の経営に大きなプラスとなることでしょう。医療の提供を受ける者（患者）を評議員とすれば、医療とはそもそもどういうことか、医業経営とはどういうものなのかについて理解を深め合うことも可能です。

3 兼職禁止

評議員会は、適正な意見を医療法人の理事長（理事会）に提出する必要があるため、その構成員である評議員は、医療法人の役員を兼任することを禁止しています。

Q&A・医療法人の税務

Q48 医療法人設立時の税務手続き

医療法人を設立した後、税務署に行わなければならない手続きを教えてください

Answer

- 医療法人の設立届、青色申告の承認申請を法人所在地の所轄税務署に行います
- 個人事業の廃止届も、忘れずに提出しましょう

解説

1 税務署等への届出

　医療法人を設立し、登記が終了したら、主たる事務所の所在地の税務署、都道府県税事務所及び市区町村へ届出を行います。届出の際には、定款、登記簿謄本、出資者の名簿、設立趣意書、設立時の貸借対照表を添付します。期限は、法人設立の日（設立登記の日）から2ヵ月以内です。

2 青色申告の承認申請書

　個人に対する所得税と同様、法人に対しても青色申告制度があります。所轄税務署長に対して、設立登記の日から3ヵ月以内（その前に事業年度終了の日が到来する場合には、当該事業年度終了の日まで）に承認申請を行い、承認を受ければ、青色申告による特典を受けることができます。

> ### ▶青色申告による特典
> - 青色欠損金の繰越控除 （損失を9年間繰越できます）
> - 固定資産の特別償却、税額の特別控除の適用
> - 30万円未満の資産の経費算入など

※ 帳簿書類に不備がある場合には、取消しされます
※ 毎期、申告期限内に申告書を提出しなければなりません

3 個人事業の廃止届

　医療法人の設立届の提出と同時に、個人医院の開廃業等届出書を提出します（期限は廃業した日から1ヵ月以内）。他の事業所得及び不動産所得がない場合には、所得税の青色申告の取りやめ届出書も提出します。

4 源泉所得税関係

　医療法人が給与の支払事務を取り扱う場合や、税理士に対して報酬を支払う場合には、給与支払事務所等の開設届出書を提出します。この届出は、支払事務を行う事務所等の所在地の税務署へ行います。さらに、源泉所得税の納付を半年ごと（7月及び1月）に行う特例を受けるために、源泉所得税の納期の特例の承認に関する申請書を提出します。

※源泉所得税の納期の特例は、給与等の支払を受ける人の人数が常時10人未満である事務所につき適用できます。

Q49 医療法人設立のメリット（税金面）

個人診療所を運営していますが、医療法人の設立を検討しています。法人設立にあたっての税務面のメリットを教えてください

Answer

- 税率を比較した場合、個人よりも医療法人の方が得です
- 医療法人では、生命保険の加入、退職金の支払が可能となります
- 個人事業では認められない経費が、医療法人には認められます

解説

1 実効税率の比較

　医療法人と個人診療所の所得を同額として単純に比較した場合、税率は法人税の方が低いので、医療法人の税額の方が低いことは明らかです。理事長には、医療法人から役員報酬が支給されるので、報酬には所得税が課されます。しかし報酬からは給与所得控除を差し引くことができるので、所得に対する税額が個人医院よりも低くなります。

＜医療法人の利益を給与に置き換えた場合＞

個人医院		医療法人からの給与	
利益 800万円	基礎控除等 154万円	給与 800万円	基礎控除等 154万円
	青色控除 65万円		給与所得控除 200万円
	課税所得 581万円		課税所得 446万円
所得税・住民税　131.5万円		所得税・住民税　91万円	

→ 40万円減

2 経費となる支出

個人診療所では必要経費とならなかった支出も、医療法人から支出される場合には損金となるものがあります。

項目	個人診療所	医療法人
役員退職金の支給	×	勤務期間・功績に応じて支給可能
生命保険	生命保険料控除（12万円を限度）のみ	定期保険は、原則、損金算入可
役員社宅	×	法人所有の社宅を一定額の負担により賃借可能
役員賞与	×	使用人兼務役員には、賞与の支給可
役員報酬	同一生計親族に対する給与は、届出が必要	親族であっても、役員としての報酬を支給可能
社葬費用	×	妥当な葬儀費用を法人で負担可能

3 青色欠損金の繰越控除

医療法人に損失が生じた場合、その欠損金を最大9年間繰り越しできます。個人診療所の繰越期間は3年間でした。法人が含み損のある資産を売却した場合や役員退職金を支給した場合にその損失を長期間、繰り越すことができます。

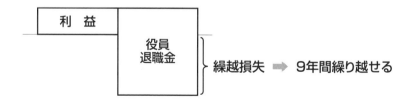

Q50 設立事業年度の会計期間

医療法人を設立した年の法人の会計期間はいつまでですか。また、個人診療所の計算期間は、どのようになりますか

Answer

- 医療法人の会計期間は、定款に定められています
- 法人の設立事業年度の会計期間は、設立登記の日から事業年度終了の日までです
- 個人診療所の計算期間は、1月1日から事業廃止の日までです

解説

1 医療法人の会計期間

医療法人の会計期間は、医療法人が定めた任意の1年間です。個人診療所は、会計期間が1月1日から12月31日に強制されていましたが、

■個人診療所と医療法人の会計期間

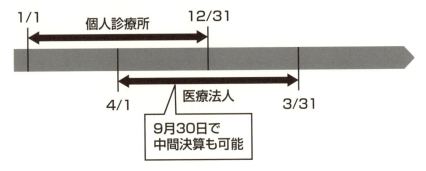

医療法人は、定款の定めにより自由に会計期間を決めることができます。さらに、その1年間を半年ごとに区切って、中間決算を行うことも可能です。

2 設立事業年度の会計期間

医療法人の設立は、定款で定めた期間の途中で行われます。医療法人は、都道府県の認可と設立登記により成立します。そして、その成立時期が必ずしも法人が定めた定款と一致するものではありません（むしろ、必ず違います）。その場合、医療法人の会計期間は、成立時（登記日）から事業年度終了日までとなります。

例えば、会計期間が12月1日～11月30日の法人で、4月18日に設立認可され、4月21日に登記の持ち込みをした法人の最初の会計期間は、4月21日～11月30日となります（下図参照）。

3 個人診療所の会計期間

反対に、個人診療所を廃止した年の個人医院の会計期間は、その年の1月1日から個人診療所廃止日までとなります。確定申告の期限は、廃止日翌年の3月15日までとなりますので、注意してください。

■4月21日に医療法人設立、11月決算の場合

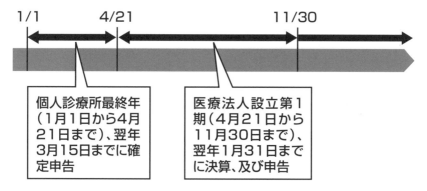

Q51 設立初年度、2期目の消費税は免除される

医療法人を設立した場合、消費税が免除になると聞きましたが、本当ですか。何か必要な手続きはありますか

Answer

- 平成19年4月1日以降に設立する医療法人の場合、1期目、2期目の消費税は、免税となります
- 1期目、2期目開始の日以後6ヵ月間の課税売上高が1,000万円を超えないよう注意しましょう

解説

1 医療法人の消費税

平成17年より基準期間の課税売上高が1,000万円を超える個人事業者は、消費税を納めることとなりました。この変更により、課税事業者となった診療所も数多くあると思います。医療法人についても、この規定は適用されており、課税売上高が1,000万円を超える法人は、例外なく消費税を納めています。

しかし、医療法人を設立した当初については、消費税を免除する特別な規定があります。

2 免税事業者

平成19年4月1日以降に設立された医療法人で、基準期間における課税売上高が1,000万円以下の法人については、消費税が免除されています。基準期間とは、その事業年度（会計期間）の前々事業年度（会計期間）を指します。すなわち、設立2期目までは前々事業年度が存在しないので、基準期間における課税売上高が0円という取扱いとなり、消

費税が免除されるのです。

この規定は平成24年に改定があり、前期開始の日以後6ヵ月間の課税売上高及び給与の支払額が1,000万円を超えるときは、納税義務が免除されないこととなりました（下図参照）。

■免税事業者

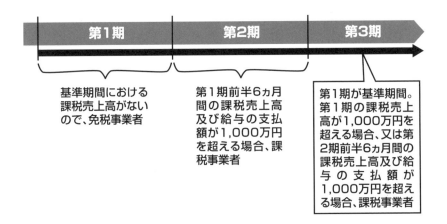

3 新設法人の特例

2の通り、新たに設立された法人については基準期間が存在しないため、設立1期目及び2期目は原則として免税事業者となります。

しかし、その事業年度の基準期間がない法人のうち、その事業年度開始の日における資本金の額又は出資の金額が1,000万円以上である法人については、納税義務を免除しないこととする特例が設けられています（消費税法第9条）。

ここで平成19年4月1日以後に設立された医療法人については、すべて「持分の定めのない医療法人」として取り扱われるため、資本金、出資金という概念が存在しません（医療法人へ拠出する資産は「基金」として取り扱われます）。したがって、基金の額が1,000万円以上でも、消費税を納める義務はありません（Q18参照）。

Q52 土地・建物を出資するタイミング

個人から医療法人へ不動産を出資しようと考えていますが、注意する点を教えてください

Answer

- 個人医院が課税事業者の場合、建物を拠出する際、消費税が課税されます
- 含み益のある土地を拠出又は譲渡する場合には、譲渡益に対して20%の税金がかかります

解説

1 設立時の資産

個人診療所から医療法人へ組織変更する場合には、現物拠出により資産を移転しなければなりません。これは、個人から法人への資産の移転となり、所得税が課されるのが原則です。不動産以外の資産であれば、

不動産以外の資産

帳簿価格100の資産を法人へ100で拠出（譲渡）

| 個人 100 | → | 法人 100 | 100−100=0 課税なし |

利益のある不動産

土地の購入価格100、拠出時の時価が200の場合

| 個人 100 | → | 法人 100 / 利益 100 | 200−100=100 100に対して20%の税金を課税 |

移行時の帳簿価額により取引を行うのが一般的なので、譲渡課税の問題も生じません。しかし、含み益のある不動産を医療法人へ移転すれば、個人に対して所得税が課税されます。

2 建物への消費税の課税

建物を現物拠出した場合には、譲渡益課税がない場合でも、消費税は課税されます。

例えば、期末簿価1,000万円の建物を現物出資した場合には、その拠出自体が資産の譲渡（税込み）となるので、約74万円の消費税が課されることとなります。消費税の納税義務の免税点が1,000万円まで引き下げられた現在では、ほとんどの個人診療所が消費税を納めなければならず、結果、法人設立時の建物移転の消費税は大きな問題であると言えます。

しかし、消費税を納めなくて良い方法があります。消費税の納税義務は、2年前の課税期間によって判定します。例えば、平成26年であれば、平成24年の課税売上高が1,000万円以下かどうかによって判断します。つまり、2年前の課税売上高が1,000万円以下であれば、その事業者は免税事業者となり、消費税を納める義務がなくなります。すなわち、医療法人を設立してから3年を経過した後に建物を譲渡すれば、その譲渡時は免税事業者なので消費税を納める必要がなくなります。

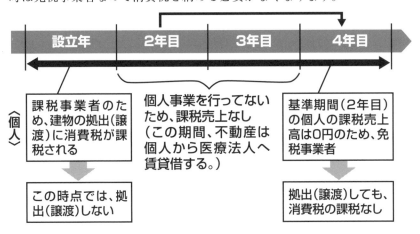

Q53 理事長から不動産を賃借する場合

診療所の敷地は個人(理事長)の所有とし、医療法人から賃借料を支払う予定です。何か問題点はありますか

Answer

- 家賃は、医療法人の経費として計上されます。受け取った個人は、不動産所得となります
- 借地権が発生する可能性がありますので、所轄税務署に「土地の無償返還に関する届出」を提出しましょう

解説

1 賃借料の支払い

個人診療所の敷地を理事長が自己所有し、その土地に含み益がある場合には、その土地を医療法人に現物拠出すると理事長に多額の譲渡益課税が課されてしまいます。そこで、その敷地を個人から賃借し、医療法人が賃借料を支払う取引を行います。

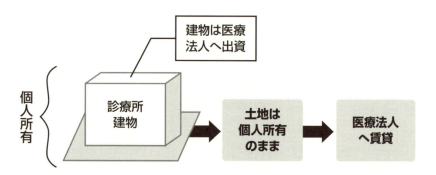

2 地代の設定

医療法人が個人へ地代を支払う場合には、その土地の時価の6％の賃料を1年間に支払わなければなりません。一般的に年額6％の地代を支払った場合、個人が不動産所得として確定申告を行う時に多額の所得税を支払うことになりますが、その賃借料を支払わないと、医療法人に借地権が発生してしまうからです。

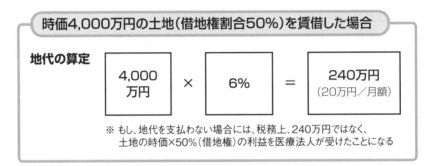

3 借地権の贈与を受けないためには

2で述べたような借地権の贈与をうけないために、納税地の所轄税務署長に対して「土地等の無償返還届出書」を提出する方法があります。この届出書を提出すれば、借地権の認定課税は行われません。

Q54 理事長報酬の決め方

医療法人を設立後、役員報酬を理事長に支払いますが、どのように決定すればよいですか

Answer

- 理事長報酬を除いた医療法人の利益を予測します
- その利益の額を限度として、役員（理事長・理事）に対する報酬を決定します

解説

1 理事長報酬

　役員報酬をいくらにするかには、法人全体の利益（役員報酬を除く）がどの程度になるかを想定して行います。個人の生活のために最低限必要な金額は別として、不必要に役員報酬を多額に設定することは望ましくありません。なぜなら、役員報酬を多額に設定することによって、結果的に税金が高くなる場合もあるからです。

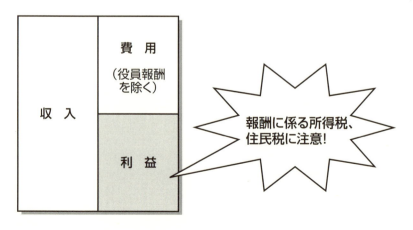

2 借入金の返済のための利益

　医療法人の経営を行っていて、獲得した利益がそのまま現金として残るわけではありません。利益は現金等を増加させますが、医療法人に借入金がある場合には、その借入金は、税金を引いた後の「利益」から返済されています。すなわち、税引き後利益から借入金を返済した金額を引いた残りが、医療法人の現金の増加額となります。役員報酬は、借入金の返済額も考慮して決定しなければなりません。

```
税引き前利益      3,000   ……… ①
法人税等           900    ……… ②
税引き後利益      2,100   ……… ③（①－②）
年間借入金返済額  1,200   ……… ④
当期現金増加額
                  ③－④＝900 ➡ 900までは役員報酬増額可能
```

3 同族役員への給与

　理事長に対して役員報酬を支払うほか、役員に就任している親族に対して報酬を支給することも可能です。親族への報酬支給は、その支給金額の妥当性を証明するのが難しいのですが、その者の勤務の状況、能力、貢献度に応じ、合理的根拠を定めて支給すれば問題ないでしょう。

Q55 生命保険への加入

生命保険に加入しようと考えています。医療法人を契約者にしたいと考えていますが、税務上、問題点はありますか

Answer

- 医療法人を契約者とした場合、受取人も医療法人にしなければなりません
- 加入する保険の種類によって、保険料のうち経費になる割合が変わってきます（経費に算入できない保険もあります）

解 説

1 生命保険への加入

医療法人が、役員を被保険者として生命保険に加入することにより節税を図ることができます。個人医院では、自己を被保険者とする生命保険、介護保険、個人年金保険に加入しても、最大12万円の生命保険料控除しか使えませんでした。医療法人では、役員又は従業員を被保険者として生命保険に加入すれば、その支払額を損金に計上することが可能です。

2 保険加入のメリット

生命保険加入のメリットは、以下の通りです。

①．保険料が損金になる（節税が図れる）
②．役員・従業員に給与課税がない
③．死亡時の保障
④．退職金のための資産形成

保険の種類によっては、損金に算入されない部分もありますので、注意が必要です。

保険の種類	損金算入	特徴
定期保険	原則、全額損金算入可	節税メリットが大きい
終身保険	×（全額資産計上）	返戻率が高い
逓増定期保険	△（一定期間を経過後に損金算入する。）	一部が資産計上となる。高齢でも返戻率が高い
長期定期保険	△（2分の1損金算入可）	退職金のための資産形成向け。解約時期によって返戻率が変わる
養老保険	△（2分の1損金算入可）	原則、全従業員が加入。傷害特約部分は、全額損金算入可

3 保険解約時の処理

生命保険を途中解約して返戻金を収受した場合、保険金の種類によっては益金の額に算入しなければならないものもあります。すなわち、生命保険は支払った時のことばかりでなく、解約した時（例えば、退職金を支給するなど）のことも考えて加入することが必要です

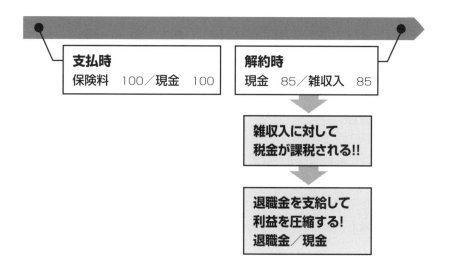

Q56 役員退職金の算定

理事長が長男への事業承継を考えています。医療法人の経営を退く場合には、退職金を支給したいと考えていますが、いくらまで支払うことができますか

Answer

- 退職金の算定の目安は、最終月額給与×勤続年数×功績倍率です
- 創業者など特に医療法人への功績が高かった役員には、別途割り増し支給することができます
- 完全に役員を退職しない場合でも、退職金を支給することができます

解説

1 役員退職金

医療法人の役員であっても、役員を退職した場合には退職金を支給することができます。個人医院の場合には、事業を辞めた場合に退職金を支給しても必要経費にはなりません。医療法人の場合には、その役員の在職期間、退職の事情を勘案して相当の金額を支給し、損金の額に算入することが可能です。

2 支給金額

役員退職金の支給額について、高額すぎる金額は、法人の経費に算入できません。役員退職金の妥当額は、法人税法でも規定は存在せず、一般的には、功績倍率方式という計算式を使って算出します。

＜功績倍率方式＞
役員退職金＝最終月額給与×勤続年数×功績倍率

※ 功績倍率は、理事長3.0倍、常務理事2.0倍、理事及び監事1.0倍が一般的です。
※ 功績倍率を役員退職給与規定に明記し、客観性を持たせると良いでしょう。

❸ 功労加算

　医療法人の在任期間中、特に功績があった役員に対しては、功績倍率方式により算出した金額のほか、一定の金額を限度として功労金を支給することができます。

> ▶役員退職給与規定（例）
>
> 役員が退任した場合で、その在任中に顕著な功労を有し、医療法人の発展上著しく寄与したことが認められる場合には、通常の方法により計算した金額の2割の範囲内で功労金を支給することができる。

❹ 分掌変更による支給

　医療法人の役員を完全に退任しない場合でも、次のような場合には、役員退職給与を支給することができます。子供に事業承継を行いたいが、完全に医療法人から離れたくないという場合に最適です。

> ①. 常勤役員が非常勤役員になった場合
> ②. 理事を退任し、監事に就任した場合
> ③. 役員改選後、役員報酬の支給額が50％以上減少した場合

※ 分掌変更後も実質的に経営上主要な地位を占めている場合を除きます。

Q57 MS法人の活用法

株式会社を立ち上げて医療法人と取引を行うことで、税金が安くなると聞きました。本当ですか

Answer

- 医療法人と取引する株式会社（メディカルサービス法人・MS法人）を活用することは、有効な節税対策となります
- 実態のない会社との取引は、架空取引となりますので、注意が必要です

解説

1 MS法人の設立

　医療法人の関係者が設立し、医療法人と関連する取引を行う法人をメディカルサービス法人（MS法人）と言います。医療法人は、収益業務を行うことができない、代表者が医師又は歯科医師でなければならないといった制約が多く、医療法人が所有する遊休不動産を賃貸することもできません。そこで、別会社（MS法人）を設立し、そのMS法人が医療法人で実施することのできない業務を行うことによって、業務を拡大させることができます。さらに、医療材料の仕入れや外注委託業務をM

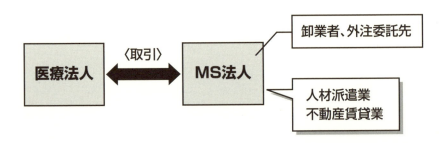

Ｓ法人に一括受注させることにより、医療法人のコストを削減することもできます。

❷ 軽減税率の有効活用

ＭＳ法人を設立することにより、法人税を軽減させることができます。2つの法人を経営することは、事務手続きが煩雑となり面倒も多いのですが、法人税法の軽減税率を有効活用することにより、税金が安くなります。現在、中小法人の所得金額が800万円までの法人税の税率は15％となっています（800万円を超える金額に対しては、25.5％）が、ここで、年間所得金額3,000万円の医療法人が、業務の一部をＭＳ法人へ分散した場合について考えてみます。

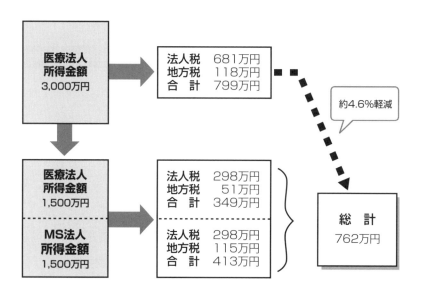

❸ 実体のない法人への罰則

ＭＳ法人が単にペーパーカンパニーの場合には、税務調査においても問題となります。実際に取引が存在し、対価性のある役務提供（サービス）を行っていることが前提となりますので、実体がない場合は、医療法人からＭＳ法人への利益供与となり、課税が行われます。

Q58 医療法人の相続対策（退職金）

理事長に相続が発生しました。医療法人の出資持分を有しており、死亡退職金を支払う予定です。また、葬儀も医療法人で行いたいと考えています

Answer

- 医療法人の出資持分は、相続税の課税対象となります
- 死亡退職金に対しても、相続税が課されます
- 社葬を行う場合、個人が負担すべき特定のもの（墓石費用、香典返し費用）を除いては、医療法人で負担できます

解説

1 相続が発生した場合

　医療法人の出資者に相続が発生した場合、その医療法人が出資持分ありのときは、所有していた持分に対して相続税が課税されます。医療法人の出資持分は、換金価値が低く、市場に流通しているものでもありません。しかし、ひとたび相続が発生すれば、相続税法の規定により、取引相場のない株式として、その出資持分を時価により評価しなければなりません。

2 退職金を支払う場合

　役員が死亡退社した場合でも、役員退職金を支給することは可能です。その退職金は相続人に支払われ、相続税の課税財産となります。相続税の計算上、退職金には非課税枠が設けられており、500万円×法定相続人の数が非課税金額となります。さらに、業務上の死亡である場合には、月給の36ヵ月分を弔慰金として非課税で支給することができます（業務外の死亡の場合は、6ヵ月分）。

3 社葬費用

　医療法人の役員が死亡し、医療法人として社葬を行うことが、社会通念上妥当である場合には、社葬費用を損金の額に算入することができます。葬儀費用は本来、相続人が負担すべきものですが、医療法人の創設者や理事長など多大な功績がある人が亡くなった場合には、医療法人の業務として葬儀を行うことができます。社葬を行う場合には、社員総会又は理事会を開催し、葬儀委員長の選任、予算などの決議を行うべきでしょう。

社葬費用になるもの
- ▶死亡通知の印刷費及び郵送費
- ▶葬儀場の使用料
- ▶お布施代
- ▶会葬者への記念品代

社葬費用にならないもの
- ▶初七日法要費用
- ▶香典返し費用
- ▶墓碑及び墓地の買入費

※ 葬儀会社からの収入
　葬儀を行った場合又は患者が死亡した時に葬儀会社を紹介した見返りとしてお礼を受け取るケースがあります。もし、医療法人の役員がその金銭を収受した場合には、医療法人の収益に計上しなければなりませんので、注意しましょう。

Q59 設備投資による節税対策

電子カルテ及び医療機器の導入を考えています。優遇税制の適用はあるでしょうか。また、リースにしたほうが良いのでしょうか

Answer

- 電子カルテについては、30％の特別償却又は7％の税額控除の適用があります
- リースにした場合、リース料が経費になるほか、税額控除の適用もあります

解説

1 IT設備に対する優遇税制

診療所、病院においてもパソコンやシステムは不可欠の時代となっています。これらIT機器について、その投資を促進させるため、租税特別措置法による優遇税制が定められています（措置法第42条の6）。

対象資産	取得価額	優遇内容
電子計算機 デジタル複合機	合計額で120万円以上	30％の特別償却 又は7％の税額控除
ソフトウェア	1つあたり70万円以上	

※リースの場合でも、リース総額が取得価額の要件を満たす場合には、適用があります。

2 特別償却と特別控除の違い

優遇税制が適用される1つの資産に対して、特別償却と特別控除は重複して適用することはできません。

100万円のソフトウェアを購入した場合

特別償却

1年目		2年目	3年目	4年目
特別償却 30万円	普通償却 20万円	普通償却 20万円	普通償却 20万円	普通償却 10万円

合計100万円

➡取得した初年度に50万円が償却できる。償却費の前倒し。

特別控除

特別控除＝100万円×7％＝7万円

※ そのほかに償却費の計上も可能。

1年目	2年目	3年目	4年目	5年目
普通償却 20万円	普通償却 20万円	普通償却 20万円	普通償却 20万円	普通償却 20万円

➡普通償却のほかに、税額（7万円）も軽減される。
　特別償却よりも節税額は大きい。

③ 医療用機器の特別償却

医療法人が、次の医療用機器を取得した場合には、取得した資産に応じて特別償却ができます（措置法第45条の2）。

資産の種類	特別償却率	要件
高度医療機器、先進的医療機器	12％	取得価額500万円以上
医療の安全の確保に必要な機器	16％	厚生労働大臣、財務大臣が指定するもの

Q60 医療法人の交際費

外出先での飲食代や贈答品、商品券の購入などは交際費になるそうですが、医療法人では、どのように取り扱われますか

Answer

- 交際費は、年間800万円を限度として、支出額の全額が損金に算入されます
- 外部取引先との飲食費のうち、1回1人あたり5,000円までは交際費に該当しません

解説

1 交際費の損金不算入

医療法人において交際費を支出した場合には、原則的には損金の額に算入されません。個人診療所では事業に必要な交際費は、すべて必要経費となっていましたが、医療法人では、公正な取引の促進のため、交際費の損金算入に限度額が設けられています。

平成25年3月31日までに開始する事業年度においては、交際費の額の10%が損金不算入とされていましたが、平成25年4月1日以降開始事業年度においては、1事業年度800万円まで全額損金算入となりました。したがって、限度額の800万円を超える部分は、経費となりません。

2 交際費の判別

以下のような費用は、交際費に該当しないものとされています。

勘定科目	内容
福利厚生費	従業員の慰安のために行われる演芸会、旅行等のための費用
広告宣伝費	カレンダー、うちわなどの物品費用
会議費	会議に関連して供与する茶菓、弁当、飲食費用
寄付金	神社、町内会の祭礼等の寄贈品
寄付金	同業者団体の年会費
福利厚生費	職員に対する慶弔費

反対に、以下のような費用は、交際費として処理します。

勘定科目	内容
診療費	特定の患者に対する診療費の値引き
開院記念式典	取引先を招待した費用が交際費。参加者から収受した祝金は、収入計上
ゴルフ会員権	年会費、プレー代は交際費
会費	ロータリークラブ、ライオンズクラブの会費

3 飲食費の取扱い

飲食その他これに類する行為のために要する費用で1人当たり5,000円以下の費用は、交際費の対象外とされます。この費用は、**社外取引先**との飲食費であること、領収書等一定の書類を保存していることが要件となりますので、注意してください。

Q61 従業員の慰安旅行

医療法人で従業員（役員を含む）参加の慰安旅行を行いたいと考えています。税務上、問題点はありますか

Answer

- 医療法人から従業員（役員）が経済的利益の供与を受けた場合、原則は給与課税（所得税）の対象となります
- レクリエーション旅行（慰安旅行）については、要件を満たせば、非課税により処理することができます

解説

1 従業員に対する利益の供与

医療法人から役員又は従業員に対して提供される利益の供与は、給与として取り扱われるのが原則です。つまり、所得税の対象となって源泉徴収を行わなければなりません。しかし、社会通念上妥当と認められるものについては、特別の規定により非課税とされています。

▶**非課税とされる主な費用**
- 従業員への昼食補助（3,500円／月額を限度）、残業時の夜食代
- 制服や身の回り品の支給
- 社宅の貸与、慶弔費
- 納涼会、忘年会の費用
- 通勤手当

2 社員旅行の費用

医療法人が主催する従業員慰安旅行については、以下の要件を満たしている場合にその費用の額が非課税として取り扱われます（所得税法基本通達36-30）。

> - 旅行期間が4泊5日以内のものであること（海外旅行の場合には、その滞在日数が4泊5日以内であること。）
> - 旅行に参加した人数が全体の人数の半数以上であること（病棟や部署ごとに行う旅行はそれぞれの職場ごとの人数の半数以上が参加）

※ 旅行に参加しなかった者に金銭を支給した場合には、旅行に参加した者も含め、全員が課税の対象となります。

＜どの程度までの費用負担が妥当か？＞

上記通達では、法人負担の金額を明確に表していません。では、法人負担がいくらまで可能なのでしょうか。

旅行期間	旅行費用	法人負担	参加率	課非判定
3泊4日	15万円	7万円	100%	非課税
4泊5日	25万円	10万円	100%	非課税
5泊6日	30万円	15万円	50%	課税

（国税庁ホームページより）

ただし、次のような旅行の費用については、給与又は交際費として処理することとなります。

- 役員だけで行う旅行（役員賞与）
- 取引先に対する接待、供応、慰安等のための旅行（交際費）
- 実質的に私的旅行と認められる旅行（給与）
- 金銭との選択が可能な旅行（給与）

Q62 医療法人への税務調査

医療法人へ組織変更した場合、税務調査が厳しくなるのでしょうか。医療法人では、どのような点がチェックされるのですか

Answer

■ 税務調査は、個人診療所のときと同じように行われます
■ 経費については、役員報酬などの給与関係、収入については、健康診断などの自由診療収入関係が特にチェックされます

解説

1 医療法人の税務調査

医療業は特に重点的に税務調査を行う業種として位置付けられています。修正申告の件数、修正所得金額において、常に上位にランクされる業種ですから無理もありません。しかし、医療法人の税務調査は、決算のポイントを押さえておけば特に難しいものではないのです。収入の相手方は特定されていますし、経費として支出する金額も設備投資を除けば、高額な支出がないからです。医療法人の税務調査において特にチェックされる事項は、以下の通りです。

①. 健康診断、予防接種、助成金などの収入計上漏れ
②. 学校医など市区町村から委託を受けた事業の収入の計上漏れ
③. 会議費、交際費、福利厚生費に給与課税されるものはないか
④. 親族に対する給与の金額の妥当性
⑤. 修繕費が原状回復費用か

2 税務調査でチェックされるもの

医療法人の税務調査は、あらかじめ事前に日程等を連絡して行われます。平成24年の国税通則法改正により、平成25年1月1日以降の税務調査においては、納税者に対し調査の開始日時・開始場所・調査対象税目・調査対象期間などを事前に通知することとなりました。その調査時に提示を求められる主な資料は以下の通りです。

<チェックリスト>

- □ 医療法人の概要（組織図）
- □ 役員、職員名簿、履歴書
- □ 現金出納帳、預金通帳
- □ 窓口現金集計表、レジのジャーナル
- □ 総勘定元帳、補助元帳
- □ 給与台帳、出勤簿（タイムカード）
- □ 棚卸し表
- □ 減価償却台帳（資産台帳）
- □ 理事会、社員総会の議事録
- □ 各種契約書
- □ 請求書、領収書
- □ 社保、国保支払基金からの支払決定通知書

3 税務調査の流れ

税務調査の初日は、以下のような流れで行われます。クリニックの税務調査は、2日間で行われるのが一般的です。

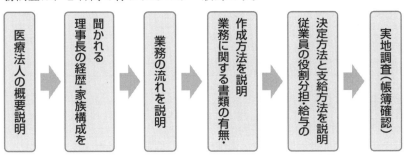

医療法人の概要説明 → 理事長の経歴・家族構成を聞かれる → 業務の流れを説明 → 業務に関する書類の有無・作成方法を説明 → 従業員の役割分担・給与の決定方法と支給方法を説明 → 実地調査（帳簿確認）

Q63 概算経費の活用

個人診療所時代は、必要経費について概算経費を適用していました。医療法人に組織変更した場合でも、適用がありますか

Answer

- 医療法人にも、概算経費の適用はあります
- 個人医院から医療法人へ組織変更する年は、概算経費を有効に使うチャンスです

解説

1 概算経費制度

社会保険診療収入が年間5,000万円以下の個人診療所には、概算経費制度を適用することが可能です。これは、収入から差し引く必要経費を、実際に支払った金額（又は支払うべき金額）ではなく、収入の一定割合で計算する特別な制度です（措置法第26条）。

■概算経費の計算式

社会保険診療収入（A）の金額	概算経費
2,500万円以下の金額	A×72%
2,500万円を超え3,000万円以下の金額	A×70%＋50万円
3,000万円を超え4,000万円以下の金額	A×62%＋290万円
4,000万円を超え5,000万円以下の金額	A×57%＋490万円

2 医療法人への適用

概算経費制度は、医療法人においても適用があります（措置法第67条）。この制度は、昭和29年に創設され、医師のみを優遇した税制とし

て批判も多いのですが、大きな改正はなく今日に至っています。

3 医療法人へ組織変更した年の適用

　医療法人へ組織変更した年は、概算経費制度を最大限有効に使うチャンスです。例えば、社会保険診療収入が年間8,000万円の個人診療所には、この特例の適用はありません。しかし、年の途中で医療法人となった場合には、個人の収入の一部が医療法人に移行されますので、個人診療所の社会保険診療収入が5,000万円以下となり、概算経費を適用することが可能です。さらに、医療法人の開始事業年度の決算を短期間で終了させれば、法人も概算経費制度を適用することができるのです。

■年間の社会保険診療報酬の収入が8,000万円の診療所の場合
（医療法人の決算期を12月とした場合）

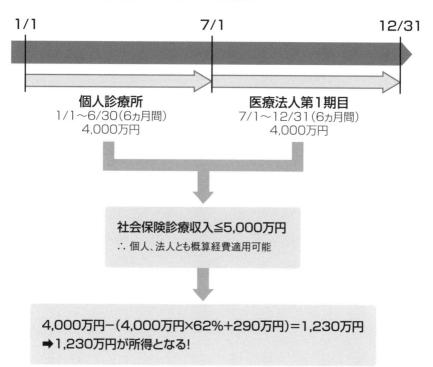

資料編

1. 医療法・医療法施行令・医療法施行規則(抄)
2. 改正医療法附則（抄）
3. 社団医療法人の定款例
4. 医療法人運営管理指導要綱
5. 種類別医療法人数の年次推移
6. 都道府県別医療法人数

1 医療法・医療法施行令・医療法施行規則（抄）

医療法（昭和23年7月30日法律第205号、最終改正　平成23年12月14日）

第6章　医療法人

〔医療法人〕
第39条　病院、医師若しくは歯科医師が常時勤務する診療所又は介護老人保健施設を開設しようとする社団又は財団は、この法律の規定により、これを法人とすることができる。
2　前項の規定による法人は、医療法人と称する。

〔名称の使用制限〕
第40条　医療法人でない者は、その名称中に、医療法人という文字を用いてはならない。

〔医療法人の責務〕
第40条の2　医療法人は、自主的にその運営基盤の強化を図るとともに、その提供する医療の質の向上及びその運営の透明性の確保を図り、その地域における医療の重要な担い手としての役割を積極的に果たすよう努めなければならない。

〔資産〕
第41条　医療法人は、その業務を行うに必要な資産を有しなければならない。
2　前項の資産に関し必要な事項は、医療法人の開設する医療機関の規模等に応じ、厚生労働省令で定める。

〔業務の範囲〕
第42条　医療法人は、その開設する病院、診療所又は介護老人保健施設（当該医療法人が地方自治法（昭和22年法律第67号）第244条の2第3項に規定する指定管理者として管理する公の施設である病院、診療所又は介護老人保健施設（以下「指定管理者として管理する病院等」という。）を含む。）の業務に支障のない限り、定款又は寄附行為の定めるところにより、次に掲げる業務の全部又は一部を行うことができる。
　一　医療関係者の養成又は再教育
　二　医学又は歯学に関する研究所の設置
　三　第39条第1項に規定する診療所以外の診療所の開設
　四　疾病予防のために有酸素運動（継続的に酸素を摂取して全身持久力に関する生理機能の維持又は回復のために行う身体の運動をいう。次号において同じ。）を行わせる施設であって、診療所が附置され、かつ、その職員、設備及び運営方法が厚生労働大臣の定める基準に適合するものの設置
　五　疾病予防のために温泉を利用させる施設であって、有酸素運動を行う場所を有し、かつ、その職員、設備及び運営方法が厚生労働大臣の定める基準に適合するものの設置
　六　前各号に掲げるもののほか、保健衛生に関する業務
　七　社会福祉法（昭和26年法律第45号）第2条第2項及び第3項に掲げる事業のうち厚生労働大臣が定めるものの実施
　八　老人福祉法（昭和38年法律第133号）第29条第1項に規定する有料老人ホームの設置

第42条の2　医療法人のうち、次に掲げる要件に該当するものとして、政令で定めるところにより都道府県知事の認定を受けたもの（以下「社会医療法人」という。）は、その開設する病院、診療所又は介護老人保健施設（指定管理者として管理する病院等を含む。）の業務に支障のない限り、定款又は寄附行為の定めるところにより、その収益を当該社会医療法人が開設する病院、診療所又は介護老人保健施設の経営に当てることを目的として、厚生労働大臣が定める業務（以下「収益業務」という。）を行うことができる。

医療法施行令 （昭和23年10月27日政令第326号、 最終改正　平成23年12月21日）	医療法施行規則 （昭和23年11月5日厚生省令第50号、 最終改正　平成24年5月31日）
	第5章　医療法人 〔医療法人の資産〕 第30条の34　医療法人は、その開設する病院、診療所又は介護老人保健施設の業務を行うために必要な施設、設備又は資金を有しなければならない。
第5条の5　法第42条の2第1項の規定による社会医療法人に係る認定を受けようとする医療法人は、当該認定を受けようとする旨及び同項各号に掲げる要件に係る事項として厚生労働省令で定めるものを記載した申請書を、当該医療法人の主たる事務所の所在地の都道府県知事に提出しなければならない。この場合において、当該申請書には、	〔医療法人の社員等と特殊の関係がある者〕 第30条の35　法第42条の2第1項第一号、第二号及び第三号に規定する役員、社員又は評議員（以下「社員等」という。）と厚生労働省令で定める特殊の関係がある者は、次に掲げる者とする。 　一　親族関係を有する社員等と婚姻の届出をしていないが事実上婚姻関係と同様の事

医療法

一 役員のうちには、各役員について、その役員、その配偶者及び三親等以内の親族その他各役員と厚生労働省令で定める特殊の関係がある者が役員の総数の3分の1を超えて含まれることがないこと。

二 社団たる医療法人の社員のうちには、各社員について、その社員、その配偶者及び三親等以内の親族その他各社員と厚生労働省令で定める特殊の関係がある者が社員の総数の3分の1を超えて含まれることがないこと。

三 財団たる医療法人の評議員のうちには、各評議員について、その評議員、その配偶者及び三親等以内の親族その他各評議員と厚生労働省令で定める特殊の関係がある者が評議員の総数の3分の1を超えて含まれることがないこと。

四 救急医療等確保事業（当該医療法人が開設する病院又は診療所の所在地の都道府県が作成する医療計画に記載されたものに限る。）に係る業務を当該病院又は診療所の所在地の都道府県において行っていること。

五 前号の業務について、次に掲げる事項に関し厚生労働大臣が定める基準に適合していること。
　イ　当該業務を行う病院又は診療所の構造設備
　ロ　当該業務を行うための体制
　ハ　当該業務の実績

六 前各号に掲げるもののほか、公的な運営に関する厚生労働省令で定める要件に適合するものであること。

七 定款又は寄附行為において解散時の残余財産を国、地方公共団体又は他の社会医療法人に帰属させる旨を定めていること。

2 都道府県知事は、前項の認定をするに当たっては、あらかじめ、都道府県医療審議会の意見を聴かなければならない。

3 収益業務に関する会計は、当該社会医療法人が開設する病院、診療所又は介護老人保健施設（指定管理者として管理する病院等を含む。）の業務及び前条各号に掲げる業務に関する会計から区分し、特別の会計として経理しなければならない。

医療法施行令	医療法施行規則
厚生労働省令で定める書類を添付しなければならない。 〔行政処分に関する通知〕 第5条の10　法第68条の2第1項の規定により読み替えて適用される法第63条第1項の規定により、医療法人に対し、その業務若しくは会計の状況に関し報告を求め、又は当該職員に、その事務所に立ち入り、業務若しくは会計の状況を検査させた都道府県知事は、法第68条の2第1項の規定により読み替えて適用される法第64条から第66条までの規定による処分が行われる必要があると認めるときは、理由を付して、その旨を厚生労働大臣に通知しなければならない。 〔医療法人台帳等〕 第5条の11　厚生労働大臣及び都道府県知事は、それぞれ医療法人台帳を備え、厚生労働大臣にあっては、2以上の都道府県の区域において病院、診療所又は介護老人保健施設を開設する医療法人について、都道府県知事にあっては、その他の医療法人で当該都道府県の区域内に主たる事務所を有するものについて、厚生労働省令で定める事項を記載しなければならない。 2　都道府県知事は、当該都道府県の区域内に主たる事務所を有する医療法人（2以上の都道府県の区域において病院、診療所又は介護老人保健施設を開設する医療法人を除く。）が、他の都道府県の区域内へ主たる事務所を移転したときは、当該医療法人に関する医療法人台帳の記載事項を、当該医療法人の主たる事務所の新所在地の都道府県知事に通知しなければならない。	情にある者 二　親続関係を有する社員等の使用人及び使用人以外の者で当該社員等から受ける金銭その他の財産によって生計を維持しているもの 三　前二号に掲げる者の親族でこれらの者と生計を一にしているもの 第30条の35の2　略 〔社会医療法人の認定〕 第30条の36　社会医療法人の認定を受けようとする医療法人が、令第5条の5に基づき、社会医療法人の要件に係る事項として申請書に記載すべき事項は、次に掲げる事項とする。 一　当該医療法人の業務のうち、法第42条の2第1項第五号の要件に該当するものが法第30条の4第2項第五号に掲げる医療のいずれに係るものであるかの別 二　前号の業務を行っている病院または診療所の名称及び所在地 2　令第5条の5に規定する厚生労働省令で定める書類は、次に掲げる書類とする。 一　定款又は寄附行為の写し 二　法第42条の2第1項第五号の厚生労働大臣が定める基準に係る会計年度について同号の要件に該当する旨を説明する書類 三　法第42条の2第1項第一号から第四号まで及び第六号に掲げる要件に該当する旨を説明する書類 〔基金〕 第30条の37　社団である医療法人（持分の定めのあるもの、法第42条の2第1項に規定する社会医療法人及び租税特別措置法（昭和32年法律第26号）第67条の2第1項に規定する特定の医療法人を除く。社団である医療法人の設立前にあっては、設立時社員。以下この条において「社団医療法人」という。）は、基金（社団医療法人に拠出された金銭その他の財産であって、当該社団医療法人が拠出者に対して本条及び次条並びに当該医療法人と当該拠出者との間の合意の定めるところに従い返還義務（金銭以外の財産については、拠出時の当該財産の価額に相当する金銭の返還義務）を負うものをいう。以下同じ。）を引き受ける者の募集をすることができる旨を定款で定めることができる。この場合においては、次に掲げる事項を定款で定めなければならない。

医療法

〔登記〕
第43条　医療法人は、政令の定めるところにより、その設立、従たる事務所の新設、事務所の移転、その他登記事項の変更、解散、合併、清算人の就任又はその変更及び清算の結了の各場合に、登記をしなければならない。
2　前項の規定により登記しなければならない事項は、登記の後でなければ、これをもって第三者に対抗することはできない。

〔設立認可〕
第44条　医療法人は、都道府県知事の認可を受けなければ、これを設立することができない。
2　医療法人を設立しようとする者は、定款又は寄附行為をもって、少なくとも次に掲げる事項を定めなければならない。
　　一　目的
　　二　名称
　　三　その開設しようとする病院、診療所又は介護老人保健施設（地方自治法第244条の2第3項に規定する指定管理者として管理しようとする公の施設である病院、診療所又は介護老人保健施設を含む。）の名称及び開設場所
　　四　事務所の所在地
　　五　資産及び会計に関する規定
　　六　役員に関する規定
　　七　社団たる医療法人にあっては、社員総会及び社員たる資格の得喪に関する規定
　　八　財団たる医療法人にあっては、評議員会及び評議員に関する規定
　　九　解散に関する規定
　　十　定款又は寄附行為の変更に関する規定
　　十一　公告の方法

医療法施行令	医療法施行規則
	一　基金の拠出者の権利に関する規定 　二　基金の返還の手続 2　前項の基金の返還に係る債権には、利息を付することができない。 第30条の38　基金の返還は、定時社員総会の決議によって行わなければならない。 2　社団医療法人は、ある会計年度に係る貸借対照表上の純資産額が次に掲げる金額の合計額を超える場合においては、当該会計年度の次の会計年度に関する定時社員総会の日の前日までの間に限り、当該超過額を返還の総額の限度として基金の返還をすることができる。 　一　基金（次項の代替基金を含む。）の総額 　二　資産につき時価を基準として評価を行っている場合において、その時価の総額がその取得価額の総額を超えるときは、時価を基準として評価を行ったことにより増加した貸借対照表上の純資産額 　三　資本剰余金の価額 3　基金の返還をする場合には、返還をする基金に相当する金額を代替基金として計上しなければならない。 4　前項の代替基金は、取り崩すことができない。
〔登記の届出〕 第5条の12　医療法人が、組合等登記令（昭和39年政令第29号）の規定により登記したときは、登記事項及び登記の年月日を、遅滞なく、都道府県知事に届け出なければならない。ただし、登記事項が法第44条第1項、第50条第1項、第55条第6項及び第57条第5項の規定による都道府県知事の認可に係る事項に該当するときは、登記の年月日を届け出るものとする。 〔役員の変更の届出〕 第5条の13　医療法人は、その役員に変更があったときは、新たに就任した役員の就任承諾書及び履歴書を添付して、遅滞なく、その旨を都道府県知事に届け出なければならない。 〔書類の保存期間〕 第5条の14　都道府県知事は、医療法人台帳及び厚生労働省令で定める書類を、当該医療法人台帳及び厚生労働省令で定める書類に係る医療法人の解散した日から5年間保存しなければならない。	〔持分の定めのある医療法人から持分の定めのない医療法人への移行〕 第30条の39　社団である医療法人で持分の定めのあるものは、定款を変更して、社団である医療法人で持分の定めのないものに移行することができる。 2　社団である医療法人で持分の定めのないものは、社団である医療法人で持分の定めのあるものへ移行できないものとする。 〔設立の認可の申請〕 第31条　法第44条第1項の規定により、医療法人設立の認可を受けようとする者は、申請書に次の書類を添付して、その主たる事務所の所在地を管轄する都道府県知事（以下「都道府県知事」という。）に提出しなければならない。 　一　定款又は寄附行為 　二　設立当初において当該医療法人に所属すべき財産の財産目録 　三　設立決議録 　四　不動産その他の重要な財産の権利の所属についての登記所、銀行等の証明書類 　五　当該医療法人の開設しようとする病院、法第39条第1項に規定する診療所又は介護老

3　財団たる医療法人を設立しようとする者が、その名称、事務所の所在地又は理事の任免の方法を定めないで死亡したときは、都道府県知事は、利害関係人の請求により又は職権で、これを定めなければならない。
4　医療法人の設立当初の役員は、定款又は寄附行為をもって定めなければならない。
5　第2項第九号に掲げる事項中に、残余財産の帰属すべき者に関する規定を設ける場合には、その者は、国若しくは地方公共団体又は医療法人その他の医療を提供する者であって厚生労働省令で定めるもののうちから選定されるようにしなければならない。
6　この節に定めるもののほか、医療法人の設立認可の申請に関して必要な事項は、厚生労働省令で定める。

〔設立認可基準〕
第45条　都道府県知事は、前条第1項の規定による認可の申請があった場合には、当該申請にかかる医療法人の資産が第41条の要件に該当しているかどうか及びその定款又は寄附行為の内容が法令の規定に違反していないかどうかを審査した上で、その認可を決定しなければならない。
2　都道府県知事は、前条第1項の規定による認可をし、又は認可をしない処分をするに当たっては、あらかじめ、都道府県医療審議会の意見を聴かなければならない。

〔医療法人の成立〕
第46条　医療法人は、その主たる事務所の所在地において政令の定めるところにより設立の登記をすることによって、成立する。
2　医療法人は、成立の時に財産目録を作成し、常にこれをその主たる事務所に備え置かなければならない。

医療法施行令	医療法施行規則

〔読替規定〕
第5条の15　2以上の都道府県の区域において病院、診療所又は介護老人保健施設を開設する医療法人に係る第5条の5及び前3条の規定の適用については、第5条の5中「法第42条の2第1項」とあるのは「法第68条の2第1項の規定により読み替えて適用される法第42条の2第1項」と、「当該医療法人の主たる事務所の所在地の都道府県知事」とあるのは「厚生労働大臣」と、第5条の12中「都道府県知事」とあるのは「厚生労働大臣」と、「法第44条第1項、第50条第1項、第55条第6項及び第57条第5項」とあるのは「法第68条の2第1項の規定により読み替えて適用される法第44条第1項、50条第1項、第55条第6項及び第57条第5項」と、前2条中「都道府県知事」とあるのは「厚生労働大臣」とする。

〔都道府県医療審議会〕
第5条の16　都道府県医療審議会（以下「審議会」という。）は、委員30人以内で組織する。

第5条の17　委員は、医師、歯科医師、薬剤師、医療を受ける立場にある者及び学識経験のある者のうちから、都道府県知事が任命する。
2　委員の任期は、2年とする。ただし、補欠の委員の任期は、前任者の残任期間とする。
3　委員は、非常勤とする。

第5条の18　審議会に会長を置く。
2　会長は、委員の互選により定める。
3　会長は、会務を総理する。
4　会長に事故があるときは、委員のうちから互選された者が、その職務を行う。

第5条の19　専門の事項を調査審議させるため必要があるときは、審議会に専門委員10人以内を置くことができる。
2　専門委員は、学識経験のある者のうちから、都道府県知事が任命する。
3　専門委員は、当該専門の事項に関する調査審議が終了したときは、解任されるものとする。
4　専門委員は、非常勤とする。

　　　　　　　　　　　　　　　　　　　　　　　　人保健施設の診療科目、従業者の定員並びに敷地及び建物の構造設備の概要を記した書類
六　法第42条第四号又は第五号に掲げる業務を行おうとする医療法人にあっては、当該業務に係る施設の職員、敷地及び建物の構造設備の概要並びに運営方法を記載した書類
七　設立後2年間の事業計画及びこれに伴う予算書
八　設立者の履歴書
九　設立代表者を定めたときは、適法に選任されたこと並びにその権限を証する書類
十　役員の就任承諾書及び履歴書
十一　開設しようとする病院、診療所又は介護老人保健施設の管理者となるべき者の氏名を記載した書面

〔残余財産の帰属すべき者となることができる者〕
第31条の2　法第44条第5項に規定する厚生労働省令で定めるものは、次のとおりとする。
一　法第31条に定める公的医療機関の開設者又はこれに準ずる者として厚生労働大臣が認めるもの
二　財団である医療法人又は社団である医療法人であって持分の定めのないもの

医療法

第三節　管理

〔役員〕

第46条の2　医療法人には、役員として、理事3人以上及び監事1人以上を置かなければならない。ただし、理事について、都道府県知事の認可を受けた場合は、1人又は2人の理事を置くをもって足りる。

2　次の各号のいずれかに該当する者は、医療法人の役員となることができない。
　　一　成年被後見人又は被保佐人
　　二　この法律、医師法、歯科医師法その他医事に関する法令の規定により罰金以上の刑に処せられ、その執行を終わり、又は執行を受けることがなくなった日から起算して2年を経過しない者
　　三　前号に該当する者を除くほか、禁錮以上の刑に処せられ、その執行を終わり、又は執行を受けることがなくなるまでの者

3　役員の任期は、2年を超えることはできない。ただし、再任を妨げない。

〔理事長の選出〕

第46条の3　医療法人（次項に規定する医療法人を除く。）の理事のうち1人は、理事長とし、定款又は寄附行為の定めるところにより、医師又は歯科医師である理事のうちから選出する。ただし、都道府県知事の認可を受けた場合は、医師又は歯科医師でない理事のうちから選出することができる。

2　前条第1項ただし書の規定に基づく都道府県知事の認可を受けて1人の理事を置く医療法人にあっては、この章（次条第2項を除く。）の規定の適用については、当該理事を理事長とみなす。

〔理事長、理事及び監事の職務等〕

第46条の4　理事長は、医療法人を代表し、その業務を総理する。

2　理事長に事故があるとき、又は理事長が欠けたときは、定款又は寄附行為の定めるところにより、他の理事が、その職務を代理し、又はその職務を行う。

3　医療法人の業務は、定款又は寄附行為に別段の定めがないときは、理事の過半数で決する。

4　理事は、定款若しくは寄附行為又は社員総会の決議によって禁止されていないときに限り、特定の行為の代理を他人に委任することができる。

5　理事が欠けた場合において、医療法人の業務が遅滞することにより損害を生ずるおそれがあるときは、都道府県知事は、利害関係人の請求により又は職権で、仮理事を選任しなければならない。

6　医療法人と理事との利益が相反する事項については、理事は、代理権を有しない。この場合においては、都道府県知事は、利害関係人の請求により又は職権で、特別代理人を選任しなければならない。

7　監事の職務は、次のとおりとする。
　　一　医療法人の業務を監査すること。
　　二　医療法人の財産の状況を監査すること。
　　三　医療法人の業務又は財産の状況について、毎会計年度、監査報告書を作成し、当該会計年度終了後3月以内に社員総会又は理事に提出すること。
　　四　第一号又は第二号の規定による監査の結果、医療法人の業務又は財産に関し不正の行為又は法令若しくは定款若しくは寄附行為に違反する重大な事実があることを発見したときは、これを都道府県知事又は社員総会若しくは評議員会に報告すること。
　　五　社団たる医療法人の監事にあっては、前号の報告をするために必要があるときは、社員総会を招集すること。
　　六　財団たる医療法人の監事にあっては、第四号の報告をするために必要があるときは、理事長に対して評議員会の招集を請求すること。
　　七　医療法人の業務又は財産の状況について、理事に対して意見を述べること。

医療法施行令	医療法施行規則
第5条の20　審議会は、会長が招集する。 2　審議会は、委員の過半数が出席しなければ、議事を開き、議決を行うことができない。 3　議事は、出席した委員の過半数をもって決し、可否同数のときは、会長の決するところによる。 第5条の21　審議会は、その定めるところにより、部会を置くことができる。 2　部会に属すべき委員及び専門委員は、会長が指名する。 3　部会に部会長を置き、その部会に属する委員の互選により定める。 4　審議会は、その定めるところにより、部会の決議をもって審議会の決議とすることができる。 5　第5条の18第3項及び第4項の規定は、部会長に準用する。 第5条の22　第5条の16から前条までに定めるもののほか、議事の手続その他審議会の運営に関し必要な事項は、審議会が定める。 〔権限の委任〕 第5条の23　この政令に規定する厚生労働大臣の権限は、厚生労働省令で定めるところにより、地方厚生局長に委任することができる。 2　前項の規定により地方厚生局に委任された権限は、厚生労働省令で定めるところにより、地方厚生支局長に委任することができる。	〔1人又は2人の理事を置く場合の認可の申請〕 第31条の3　法第46条の2第1項ただし書の規定による認可を受けようとする者は、次の各号に掲げる事項を記載した申請書を都道府県知事に提出しなければならない。 　一　当該医療法人の開設する病院、診療所又は介護老人保健施設の数 　二　常時勤務する医師又は歯科医師の数 　三　理事を1人又は2人にする理由 〔医師又は歯科医師以外でない理事のうちから理事長を選出する場合の認可の申請〕 第31条の4　法第46条の3第1項ただし書の規定による認可を受けようとする者は、次の各号に掲げる事項を記載した申請書を都道府県知事に提出しなければならない。 　一　当該理事の住所及び氏名 　二　理事長を医師又は歯科医師でない理事のうちから選出する理由

医療法

〔管理者たる理事〕
第47条　医療法人は、その開設するすべての病院、診療所又は介護老人保健施設（指定管理者として管理する病院等を含む。）の管理者を理事に加えなければならない。ただし、医療法人が病院、診療所又は介護老人保健施設を2以上開設する場合において、都道府県知事の認可を受けたときは管理者（指定管理者として管理する病院等の管理者を除く。）の一部を理事に加えないことができる。
2　前項の理事は、管理者の職を退いたときは、理事の職を失うものとする。

〔監事の兼職制限〕
第48条　監事は、理事又は医療法人の職員（当該医療法人の開設する病院、診療所又は介護老人保健施設（指定管理者として管理する病院等を含む。）の管理者その他の職員を含む。）を兼ねてはならない。

〔理事又は監事の補充〕
第48条の2　理事又は監事のうち、その定数の5分の1を超える者が欠けたときは、1月以内に補充しなければならない。

〔社員総会〕
第48条の3　社団たる医療法人は、社員名簿を備え置き、社員の変更があるごとに必要な変更を加えなければならない。
2　社団たる医療法人の理事長は、少なくとも毎年1回、定時社員総会を開かなければならない。
3　理事長は、必要があると認めるときは、いつでも臨時社員総会を招集することができる。
4　議長は、社員総会において選任する。
5　理事長は、総社員の5分の1以上の社員から会議に付議すべき事項を示して臨時社員総会の招集を請求された場合には、その請求のあった日から20日以内に、これを招集しなければならない。ただし、総社員の5分の1の割合については、定款でこれを下回る割合を定めることができる。
6　社員総会の招集の通知は、その社員総会の日より少なくとも5日前に、その会議の目的である事項を示し、定款で定めた方法に従ってしなければならない。
7　社団たる医療法人の業務は、定款で理事その他の役員に委任したものを除き、すべて社員総会の決議によって行う。
8　社員総会においては、第6項の規定によりあらかじめ通知をした事項についてのみ、決議をすることができる。ただし、定款に別段の定めがあるときは、この限りでない。
9　社員総会は、定款に別段の定めがある場合を除き、総社員の過半数の出席がなければ、その議事を開き、議決することができない。
10　社員総会の議事は、定款に別段の定めがある場合を除き、出席者の議決権の過半数で決し、可否同数のときは、議長の決するところによる。
11　前項の場合において、議長は、社員として議決に加わることができない。

第48条の4　社員は、各1個の議決権を有する。
2　社員総会に出席しない社員は、書面で、又は代理人によって議決をすることができる。ただし、定款に別段の定めがある場合は、この限りでない。
3　社団たる医療法人と特定の社員との関係について議決をする場合には、その社員は、議決権を有しない。

〔評議員会〕
第49条　財団たる医療法人に、評議員会を置く。
2　評議員会は、理事の定数を超える数の評議員（第46条の2第1項ただし書の認可を受けた医療法人にあっては、3人以上の評議員）をもって、組織する。
3　評議員会は、理事長が招集する。
4　評議員会に、議長を置く。

医療法施行令	医療法施行規則
	〔管理者の一部を理事に加えない場合の認可の申請〕 第31条の5　法第47条第1項ただし書の規定による認可を受けようとする者は、次に掲げる事項を記載した申請書を都道府県知事に提出しなければならない。 　一　理事に加えない管理者の住所及び氏名並びに当該管理者の管理する病院、診療所又は介護老人保健施設の名称及び所在地 　二　当該管理者を理事に加えない理由

5 理事長は、総評議員の5分の1以上の評議員から会議に付議すべき事項を示して評議員会の招集を請求された場合には、その請求のあった日から20日以内に、これを招集しなければならない。ただし、総評議員の5分の1以上の割合については、寄附行為でこれを下回る割合を定めることができる。
6 評議員会は、総評議員の過半数の出席がなければ、その議事を開き、議決することができない。
7 評議員会の議事は、出席者の議決権の過半数で決し、可否同数のときは、議長の決するところによる。
8 前項の場合において、議長は、評議員として議決に加わることができない。

第49条の2 次に掲げる事項については、理事長において、あらかじめ、評議員会の意見を聴かなければならない。
　一 予算、借入金（当該会計年度内の収入をもって償還する一時の借入金を除く。）及び重要な資産の処分に関する事項
　二 事業計画の決定又は変更
　三 寄附行為の変更
　四 合併
　五 第55条第3項第二号に掲げる事由のうち、同条第1項第二号に掲げる事由による解散
　六 その他医療法人の業務に関する重要事項で寄附行為をもって定めるもの
2 前項各号に掲げる事項は、寄附行為をもって評議員会の議決を要するものとすることができる。

第49条の3 評議員会は、医療法人の業務若しくは財産の状況又は役員の業務執行の状況について、役員に対して意見を述べ、若しくはその諮問に答え、又は役員から報告を徴することができる。
2 理事長は、毎会計年度終了後3月以内に、決算及び事業の実績を評議員会に報告し、その意見を求めなければならない。

第49条の4 評議員となる者は、次に掲げる者とする。
　一 医療従事者のうちから、寄附行為の定めるところにより選任された者
　二 病院、診療所又は介護老人保健施設の経営に関して識見を有する者のうちから、寄附行為の定めるところにより選任された者
　三 医療を受ける者のうちから、寄附行為の定めるところにより選任された者
　四 前三号に掲げる者のほか、寄附行為の定めるところにより選任された者
2 評議員は、当該財団たる医療法人の役員を兼ねてはならない。

〔定款又は寄附行為の変更〕
第50条 定款又は寄附行為の変更（厚生労働省令で定める事項に係るものを除く。）は、都道府県知事の認可を受けなければ、その効力を生じない。
2 都道府県知事は、前項の規定による認可の申請があった場合には、第45条に規定する事項及び定款又は寄附行為の変更の手続が法令又は定款若しくは寄附行為に違反していないかどうかを審査した上で、その認可を決定しなければならない。
3 医療法人は、第1項の厚生労働省令で定める事項に係る定款又は寄附行為の変更をしたときは、遅滞なく、その旨を都道府県知事に届け出なければならない。
4 第44条第5項の規定は、定款又は寄附行為の変更により、残余財産の帰属すべき者に関する規定を設け、又は変更する場合について準用する。

〔会計〕
第50条の2 医療法人の会計は、一般に公正妥当と認められる会計の慣行に従うものとする。

医療法施行令	医療法施行規則
	〔定款等の変更の認可〕 第32条　法第50条第1項の規定により、定款又は寄附行為の変更の認可を受けようとするときは、申請書に次の書類を添付して、都道府県知事に提出しなければならない。 　一　定款又は寄附行為変更の内容（新旧対照表を添付すること。）及びその事由を記載した書類 　二　定款又は寄附行為に定められた変更に関する手続を経たことを証する書類 2　定款又は寄附行為の変更が、当該医療法人が新たに病院、法第39条第1項に規定する診療所又は介護老人保健施設を開設しようとする場合に係るものであるときは、前項各号の書類のほか、第31条第五号及び第十一号に掲げる書類並びに定款又は寄附行為変更後2年間の事業計画及びこれに伴う予算書を、前項の申請書に添付しなければならない。

〔事業報告書等〕
第51条　医療法人は、毎会計年度終了後2月以内に、事業報告書、財産目録、貸借対照表、損益計算書その他厚生労働省令で定める書類（以下「事業報告書等」という。）を作成しなければならない。
2　理事は、事業報告書等を監事に提出しなければならない。
3　社会医療法人（厚生労働省令で定めるものに限る。）の理事長は、財産目録、貸借対照表及び損益計算書を公認会計士又は監査法人に提出しなければならない。

〔書類の整備、閲覧〕
第51条の2　医療法人（社会医療法人を除く。）は、次に掲げる書類を各事務所に備えて置き、その社員若しくは評議員又は債権者から請求があった場合には、正当な理由がある場合を除いて、これを閲覧に供しなければならない。
　　一　事業報告書等
　　二　第46条の4第7項第三号の監査報告書（以下「監事の監査報告書」という。）
　　三　定款又は寄附行為
2　社会医療法人は、次に掲げる書類を各事務所に備えて置き、請求があった場合には、正当な理由がある場合を除いて、これを閲覧に供しなければならない。
　　一　前項各号に掲げる書類
　　二　前条第3項の社会医療法人にあっては、公認会計士又は監査法人の監査報告書（以下「公認会計士等の監査報告書」という。）

〔書類の届出〕
第52条　医療法人は、厚生労働省令で定めるところにより、毎会計年度終了後3月以内に、次に掲げる書類を都道府県知事に届け出なければならない。
　　一　事業報告書等

医療法施行令	医療法施行規則
	3　定款又は寄附行為の変更が、当該医療法人が法第42条各号に掲げる業務を行う場合に係るものであるときは、第1項各号の書類のほか、第31条第六号に掲げる書類並びに定款又は寄附行為変更後2年間の事業計画及びこれに伴う予算書を、第1項の申請書に添付しなければならない。 4　定款又は寄附行為の変更が、社会医療法人である医療法人が法第42条の2第1項の収益業務を行う場合に係るものであるときは、第1項各号の書類のほか、収益業務の概要及び運営方法を記載した書類並びに定款又は寄附行為変更後2年間の事業計画及びこれに伴う予算書を、第1項の申請書に添付しなければならない。 第32条の2　法第50条第1項に規定する厚生労働省令で定める事項は、法第44条第2項第四号及び第十一号に掲げる事項とする。 〔法第51条第1項の厚生労働省令で定める書類等〕 第33条　法第51条第1項に規定する厚生労働省令で定める書類は次に掲げる書類とする。 　一　社会医療法人については、法第42条の2第1項第一号から第六号までの要件に該当する旨を説明する書類 　二　社会医療法人債発行法人（法第54条の2第1項に規定する社会医療法人債を発行した医療法人をいい、当該社会医療法人債の総額について償還済みであるものを除く。次項及び第3項において同じ。）については次に掲げる書類 　　イ　前号に掲げる書類（当該社会医療法人債発行法人が社会医療法人である場合に限る。） 　　ロ　純資産変動計算書、キャッシュ・フロー計算書及び附属明細表 2　社会医療法人債発行法人は、法第51条第1項の規定に基づき、同項に規定する事業報告書等のうち、財産目録、貸借対照表、損益計算書及び前項第二号ロに掲げる書類を作成するに当たっては、別に厚生労働省令で定めるところにより作成するものとする。 3　法第51条第3項に規定する社会医療法人は、社会医療法人債発行法人である社会医療法人とする。 〔事業報告書等の届出等〕 第33条の2　法第52条第1項の規定に基づく届出を行う場合には、同項各号に掲げる書類（前条第1項第一号に規定する書類については、法第42条

二　監事の監査報告書
　　三　第51条第3項の社会医療法人にあっては、公認会計士等の監査報告書
2　都道府県知事は、定款若しくは寄附行為又は前項の届出に係る書類について請求があった場合には、厚生労働省令で定めるところにより、これを閲覧に供しなければならない。

〔会計年度〕
第53条　医療法人の会計年度は、4月1日に始まり、翌年3月31日に終るものとする。ただし、定款又は寄附行為に別段の定めがある場合は、この限りでない。

〔剰余金配当の禁止〕
第54条　医療法人は、剰余金の配当をしてはならない。

〔社会医療法人債〕
第54条の2　社会医療法人は、救急医療等確保事業の実施に資するため、社員総会において議決された額又は寄附行為の定めるところにより評議員会において議決された額を限度として、社会医療法人債（第54条の7において準用する会社法（平成17年法律第86号）の規定により社会医療法人が行う割当てにより発生する当該社会医療法人を債務者とする金銭債権であって、次条第1項各号に掲げる事項についての定めに従い償還されるものをいう。以下同じ。）を発行することができる。
2　前項の社会医療法人債を発行したときは、社会医療法人は、当該社会医療法人債の発行収入金に相当する金額を第42条の2第3項に規定する特別の会計に繰り入れてはならない。

第54条の3　社会医療法人は、その発行する社会医療法人債を引き受ける者の募集をしようとするときは、その都度、募集社会医療法人債（当該募集に応じて当該社会医療法人債の引受けの申込みをした者に対して割り当てる社会医療法人債をいう。以下同じ。）について次に掲げる事項を定めなければならない。
　　一　募集社会医療法人債の発行により調達する資金の使途
　　二　募集社会医療法人債の総額
　　三　各募集社会医療法人債の金額
　　四　募集社会医療法人債の利率
　　五　募集社会医療法人債の償還の方法及び期限
　　六　利息支払の方法及び期限
　　七　社会医療法人債券（社会医療法人債を表示する証券をいう。以下同じ。）を発行するときは、その旨
　　八　社会医療法人債に係る債権者（以下「社会医療法人債権者」という。）が第54条の7において準用する会社法第698条の規定による請求の全部又は一部をすることができないこととするときは、その旨
　　九　社会医療法人債管理者が社会医療法人債権者集会の決議によらずに第54条の7において準用する会社法第706条第1項第二号に掲げる行為をすることができることとするときは、その旨
　　十　各募集社会医療法人債の払込金額（各募集社会医療法人債と引換えに払い込む金銭の額をいう。）若しくはその最低金額又はこれらの算定方法
　　十一　募集社会医療法人債と引換えにする金銭の払込みの期日
　　十二　一定の日までに募集社会医療法人債の総額について割当てを受ける者を定めていない場合において、募集社会医療法人債の全部を発行しないこととするときは、その旨及びその一定の日
　　十三　前各号に掲げるもののほか、厚生労働省令で定める事項
2　前項第二号に掲げる事項その他の社会医療法人債を引き受ける者の募集に関する重要な事項として厚生労働省令で定める事項は、理事の過半数で決しなければならない。

第54条の4　社会医療法人は、社会医療法人債を発行した日以後遅滞なく、社会医療法人債原簿を作成し、これに次に掲げる事項を記載し、又は記録しなければならない。
　　一　前条第1項第四号から第九号までに掲げる事項その他の社会医療法人債の内容を特定するものと

	医療法施行令	医療法施行規則
		の2第1項第五号の要件に該当する旨を説明する書類、第30条の35の2第1項第一号ホに規定する支給の基準を定めた書類及び同条第2項に規定する保有する資産の明細表に限る。）には、副本を添付しなければならない。 2　法第52条第2項の閲覧は、同条第1項の届出に係る書類（前条第1項第一号に規定する書類については、法第42条の2第1項第五号の要件に該当する旨を説明する書類に限る。）であって過去3年間に届け出られた書類について行うものとする。 〔募集事項等〕 第33条の3　法第54条の3第1項第十三号に規定する厚生労働省令で定める事項は、次に掲げる事項とする。 　　一　数回に分けて募集社会医療法人債と引換えに金銭の払込みをさせるときは、その旨及び各払込みの期日における払込金額（法第54条の3第1項第十号に規定する払込金額をいう。以下この条において同じ。） 　　二　募集社会医療法人債と引換えにする金銭の払込みに代えて金銭以外の財産を給付する旨の契約を締結するときは、その契約の内容 　　三　法第54条の5の規定による委託に係る契約において法に規定する社会医療法人債管理者の権限以外の権限を定めるときは、その権限の内容 　　四　法第54条の7において準用する会社法（平成17年法律第86号）第711条第2項本文に規定するときは、同項本文に規定する事由 2　法第54条の3第2項に規定する厚生労働省令で定める事項は、次に掲げる事項とする。 　　一　2以上の募集（法第54条の3第1項の募集をいう。以下同じ。）に係る同項各号に掲げる事項の決定を委任するときは、その旨 　　二　募集社会医療法人債の総額の上限（前号に規定する場合にあっては、各募集に係る募集社会医療法人債の総額の上限の合計額） 　　三　募集社会医療法人債の利率の上限その他の利率に関する事項の要綱 　　四　募集社会医療法人債の払込金額の総額の最低金額その他の払込金額に関する事項の要綱

して厚生労働省令で定める事項（以下「種類」という。）
二　種類ごとの社会医療法人債の総額及び各社会医療法人債の金額
三　各社会医療法人債と引換えに払い込まれた金銭の額及び払込みの日
四　社会医療法人債権者（無記名社会医療法人債（無記名式の社会医療法人債券が発行されている社会医療法人債をいう。）の社会医療法人債権者を除く。）の氏名又は名称及び住所
五　前号の社会医療法人債権者が各社会医療法人債を取得した日
六　社会医療法人債券を発行したときは、社会医療法人債券の番号、発行の日、社会医療法人債券が記名式か、又は無記名式かの別及び無記名式の社会医療法人債券の数
七　前各号に掲げるもののほか、厚生労働省令で定める事項

第54条の5　社会医療法人は、社会医療法人債を発行する場合には、社会医療法人債管理者を定め、社会医療法人債権者のために、弁済の受領、債権の保全その他の社会医療法人債の管理を行うことを委託しなければならない。ただし、各社会医療法人債の金額が1億円以上である場合その他社会医療法人債権者の保護に欠けるおそれがないものとして厚生労働省令で定める場合は、この限りでない。

第54条の6　社会医療法人債権者は、社会医療法人債の種類ごとに社会医療法人債権者集会を組織する。
2　社会医療法人債権者集会は、この法律又は次条において準用する会社法に規定する事項及び社会医療法人債権者の利害に関する事項について決議をすることができる。

第54条の7　会社法第677条から第680条まで、第682条、第683条、第684条（第4項及び第5項を除く。）、第685条から第701条まで、第703条から第714条まで、第717条から第742条まで、第7編第2章第7節、第868条第3項、第869条、第870条（第三号及び第十号から第十二号までに係る部分に限る。）、第871条（第二号に係る部分に限る。）、第872条（第四号に係る部分に限る。）、第873条（第二号及び第四号に係る部分に限る。）、第874条（第一号及び第四号に係る部分に限る。）、第875条及び第876条の規定は、社会医療法人が社会医療法人債を発行する場合における社会医療法人債、募集社会医療法人債、社会医療法人債券、社会医療法人債権者、社会医療法人債管理者、社会医療法人債権者集会又は社会医療法人債原簿について準用する。この場合において、必要な技術的読替えは、政令で定める。

第54条の8　社会医療法人債は、担保付社債信託法（明治38年法律第52号）その他の政令で定める法令の適用については、政令で定めるところにより、社債とみなす。

医療法施行令	医療法施行規則
	〔社会医療法人債の種類〕 第33条の4　法第54条の4第一号に規定する厚生労働省令で定める事項は、次に掲げる事項とする。 　一　社会医療法人債の利率 　二　社会医療法人債の償還の方法及び期限 　三　利息支払の方法及び期限 　四　社会医療法人債券を発行するときは、その旨 　五　社会医療法人債権者が法第54条の7において準用する会社法第698条の規定による請求の全部又は一部をすることができないこととするときは、その旨 　六　社会医療法人債管理者が社会医療法人債権者集会の決議によらずに法第54条の7において準用する会社法第706条第1項第二号に掲げる行為をすることができることとするときは、その旨 　七　社会医療法人債管理者を定めたときは、その名称及び住所並びに法第54条の5の規定による委託に係る契約の内容 　八　社会医療法人債原簿管理人を定めたときは、その氏名又は名称及び住所 　九　社会医療法人債が担保付社会医療法人債であるときは、法第54条の8において準用する担保付社債信託法（明治38年法律第52号）第19条第1項第一号、第十一号及び第十三号に掲げる事項 第33条の5から第33条の22まで　略 〔社会医療法人債権者集会の議事録〕 第33条の23　法第54条の7において読み替えて準用する会社法第731条第1項の規定による社会医療法人債権者集会の議事録の作成については、この条の定めるところによる。 2　社会医療法人債権者集会の議事録は、書面又は電磁的記録をもって作成しなければならない。 3　社会医療法人債権者集会の議事録は、次に掲げる事項を内容とするものでなければならない。 　一　社会医療法人債権者集会が開催された日時及び場所 　二　社会医療法人債権者集会の議事の経過の要領及びその結果 　三　法第54条の7において準用する会社法第729条第1項の規定により社会医療法人債権者集会において述べられた意見があるときは、その意見の内容の概要 　四　社会医療法人債権者集会に出席した社会医療法人債発行法人の代表者又は社会医療法人債管理者の氏名又は名称

〔解散〕
第55条　社団たる医療法人は、次の事由によって解散する。
　　一　定款をもって定めた解散事由の発生
　　二　目的たる業務の成功の不能
　　三　社員総会の決議
　　四　他の医療法人との合併
　　五　社員の欠亡
　　六　破産手続開始の決定
　　七　設立認可の取消し
2　社団たる医療法人は、総社員の4分の3以上の賛成がなければ、前項第三号の社員総会の決議をすることができない。ただし、定款に別段の定めがあるときは、この限りでない。
3　財団たる医療法人は、次に掲げる事由によって解散する。
　　一　寄附行為をもって定めた解散事由の発生
　　二　第1項第二号、第四号、第六号又は第七号に掲げる事由
4　医療法人がその債務につきその財産をもって完済することができなくなった場合には、裁判所は、理事若しくは債権者の申立てにより又は職権で、破産手続開始の決定をする。
5　前項に規定する場合には、理事は、直ちに破産手続開始の申立てをしなければならない。
6　第1項第二号又は第三号に掲げる事由による解散は、都道府県知事の認可を受けなければ、その効力を生じない。
7　都道府県知事は、前項の認可をし、又は認可をしない処分をするに当たっては、あらかじめ、都道府県医療審議会の意見を聴かなければならない。
8　清算人は、第1項第一号若しくは第五号又は第3項第一号に掲げる事由によって医療法人が解散した場合には、都道府県知事にその旨を届け出なければならない。

〔残余財産の帰属処分〕
第56条　解散した医療法人の残余財産は、合併及び破産手続開始の決定による解散の場合を除くほか、定款又は寄附行為の定めるところにより、その帰属すべき者に帰属する。
2　前項の規定により処分されない財産は、国庫に帰属する。

第56条の2　解散した医療法人は、清算の目的の範囲内において、その清算の結了に至るまではなお存続するものとみなす。

第56条の3　医療法人が解散したときは、合併及び破産手続開始の決定による解散の場合を除き、理事がその清算人となる。ただし、定款若しくは寄附行為に別段の定めがあるとき、又は社員総会において理事以外の者を選任したときは、この限りでない。

第56条の4　前条の規定により清算人となる者がないとき、又は清算人が欠けたため損害を生ずるおそれがあるときは、裁判所は、利害関係人若しくは検察官の請求により又は職権で、清算人を選任することができる。

第56条の5　重要な事由があるときは、裁判所は、利害関係人若しくは検察官の請求により又は職権で、清算人を解任することができる。

医療法施行令	医療法施行規則
	五　社会医療法人債権者集会に議長が存するときは、議長の氏名 六　議事録の作成に係る職務を行った者の氏名又は名称 第33条の24　略 〔解散の認可の申請〕 第34条　法第五55条第6項の規定により、解散の認可を受けようとするときは、申請書に次の書類を添付して、都道府県知事に提出しなければならない。 一　理由書 二　法、定款又は寄附行為に定められた解散に関する手続を経たことを証する書類 三　財産目録及び貸借対照表 四　残余財産の処分に関する事項を記載した書類

第56条の6　清算中に就職した清算人は、その氏名及び住所を都道府県知事に届け出なければならない。

第56条の7　清算人の職務は、次のとおりとする。
　　一　現務の結了
　　二　債権の取立て及び債務の弁済
　　三　残余財産の引渡し
2　清算人は、前項各号に掲げる職務を行うために必要な一切の行為をすることができる。

第56条の8　清算人は、その就職の日から2月以内に、少なくとも3回の公告をもって、債権者に対し、一定の期間内にその債権の申出をすべき旨の催告をしなければならない。この場合において、その期間は、2月を下ることができない。
2　前項の公告には、債権者がその期間内に申出をしないときは清算から除斥されるべき旨を付記しなければならない。ただし、清算人は、判明している債権者を除斥することができない。
3　清算人は、判明している債権者には、各別にその申出の催告をしなければならない。

第56条の9　前条第1項の期間の経過後に申出をした債権者は、医療法人の債務が完済された後まだ権利の帰属すべき者に引き渡されていない財産に対してのみ、請求をすることができる。

第56条の10　清算中に医療法人の財産がその債務を完済するのに足りないことが明らかになったときは、清算人は、直ちに破産手続開始の申立てをし、その旨を公告しなければならない。
2　清算人は、清算中の医療法人が破産手続開始の決定を受けた場合において、破産管財人にその事務を引き継いだときは、その任務を終了したものとする。
3　前項に規定する場合において、清算中の医療法人が既に債権者に支払い、又は権利の帰属すべき者に引き渡したものがあるときは、破産管財人は、これを取り戻すことができる。
4　第1項の規定による公告は、官報に掲載してする。

第56条の11　清算が結了したときは、清算人は、その旨を都道府県知事に届け出なければならない。

第56条の12　医療法人の解散及び清算は、裁判所の監督に属する。
2　裁判所は、職権で、いつでも前項の監督に必要な検査をすることができる。
3　医療法人の解散及び清算を監督する裁判所は、医療法人の業務を監督する都道府県知事に対し、意見を求め、又は調査を嘱託することができる。
4　前項に規定する都道府県知事は、同項に規定する裁判所に対し、意見を述べることができる。

第56条の13　医療法人の解散及び清算の監督並びに清算人に関する事件は、その主たる事務所の所在地を管轄する地方裁判所の管轄に属する。

第56条の14　清算人の選任の裁判に対しては、不服を申し立てることができない。

第56条の15　裁判所は、第56条の4の規定により清算人を選任した場合には、医療法人が当該清算人に対して支払う報酬の額を定めることができる。この場合においては、裁判所は、当該清算人及び監事の陳述を聴かなければならない。

第56条の16　清算人の解任についての裁判及び前条の規定による裁判に対しては、即時抗告をすることができる。

第56条の17　裁判所は、医療法人の解散及び清算の監督に必要な調査をさせるため、検査役を選任することができる。
2　前3条の規定は、前項の規定により裁判所が検査役を選任した場合について準用する。この場合において、第56条の15中「清算人及び監事」とあるのは、「医療法人及び検査役」と読み替えるものとする。

医療法施行令	医療法施行規則

〔合併〕
第57条　社団たる医療法人は、総社員の同意があるときは、他の社団たる医療法人又は財団たる医療法人と合併をすることができる。
2　財団たる医療法人は、寄附行為に合併することができる旨の定めがある場合に限り、他の社団たる医療法人又は財団たる医療法人と合併をすることができる。
3　財団たる医療法人が合併をするには、理事の3分の2以上の同意がなければならない。ただし、寄附行為に別段の定めがある場合は、この限りでない。
4　次の各号に掲げる場合には、合併後存続する医療法人又は合併（新設）により設立する医療法人は、それぞれ当該各号に定める種類の医療法人でなければならない。
　　一　合併をする医療法人が社団たる医療法人のみである場合社団たる医療法人
　　二　合併をする医療法人が財団たる医療法人のみである場合財団たる医療法人
5　合併は、都道府県知事の認可を受けなければ、その効力を生じない。
6　第55条第7項の規定は、前項の認可について準用する。

〔財産目録、貸借対照表の作成〕
第58条　医療法人は、前条第5項に規定する都道府県知事の認可があったときは、その認可の通知のあった日から2週間以内に、財産目録及び貸借対照表を作らなければならない。

〔債権者の保護〕
第59条　医療法人は、前条の期間内に、その債権者に対し、異議があれば一定の期間内に述べるべき旨を公告し、且つ、判明している債権者に対しては、各別にこれを催告しなければならない。但し、その期間は、2月を下ることができない。
2　債権者が前項の期間内に合併に対して異議を述べなかったときは、合併を承認したものとみなす。
3　債権者が異議を述べたときは、医療法人は、これに弁済をし、若しくは相当の担保を提供し、又はその債権者に弁済を受けさせることを目的として信託会社若しくは信託業務を営む金融機関に相当の財産を信託しなければならない。ただし、合併をしてもその債権者を害するおそれがないときは、この限りでない。

〔合併による医療法人の設立事務〕
第60条　合併により医療法人を設立する場合においては、定款の作製又は寄附行為その他医療法人の設立に関する事務は、各医療法人において選任した者が共同して行わなければならない。

医療法施行令	医療法施行規則
	〔合併の認可の申請〕 第35条　法第57条第5項の規定により、合併の認可を受けようとするときは、申請書に次の書類を添付して、都道府県知事に提出しなければならない。 　一　理由書 　二　法第57条第1項又は第3項の手続を経たことを証する書類 　三　合併契約書の写し 　四　法第60条の場合においては、申請者が同条の規定により選任された者であることを証する書面 　五　合併後存続する医療法人又は合併によって設立する医療法人の定款又は寄附行為 　六　合併前の各医療法人の定款又は寄附行為 　七　合併前の各医療法人の財産目録及び貸借対照表 　八　合併後存続する医療法人又は合併によって設立する医療法人について、第31条第七号、第十号及び第十一号に掲げる書類（この場合において、同条第七号中「設立後」とあるのは「合併後」と、第十号中「役員」とあるのは「新たに就任する役員」と読み替えるものとする。） 2　合併前の医療法人のいずれもが持分の定めのある医療法人である場合であって、前項第五号の合併後存続する医療法人の定款において残余財産の帰属すべき者に関する規定を設けるときは、法第44条第5項の規定にかかわらず、同項に規定する者以外の者を規定することができる。 〔副本の添付〕 第36条　第31条、第32条、第34条及び第35条に規定する申請書及びこれに添付する書類並びに第31条の3から第31条の5までに規定する申請書には、それぞれ副本を添付しなければならない。 〔医療法人台帳の記載事項〕 第38条　令第5条の11第1項の医療法人台帳に記載しなければならない事項は、次のとおりとする。 　一　名称 　二　事務所の所在地 　三　理事長の氏名 　四　開設する病院、診療所又は介護老人保健施設の名称及び所在地 　五　法第42条各号に掲げる業務を行う場合はその業務 　六　設立認可年月日及び設立登記年月日 　七　設立認可当時の資産

医療法

〔権利義務の承継〕
第61条　合併後存続する医療法人又は合併によって設立した医療法人は、合併によって消滅した医療法人の権利義務（当該医療法人がその行う事業に関し行政庁の認可その他の処分に基づいて有する権利義務を含む。）を承継する。

〔合併の効力の発生〕
第62条　合併は、合併後存続する医療法人又は合併によって設立した医療法人が、その主たる事務所の所在地において政令の定めるところにより登記をすることによって、その効力を生ずる。

〔報告及び検査〕
第63条　都道府県知事は、医療法人の業務若しくは会計が法令、法令に基づく都道府県知事の処分、定款若しくは寄附行為に違反している疑いがあり、又はその運営が著しく適正を欠く疑いがあると認めるときは、当該医療法人に対し、その業務若しくは会計の状況に関し報告を求め、又は当該職員に、その事務所に立ち入り、業務若しくは会計の状況を検査させることができる。
2　第6条の8第3項及び第4項の規定は、前項の規定による立入検査について準用する。

〔法令等の違反に対する措置〕
第64条　都道府県知事は、医療法人の業務若しくは会計が法令、法令に基づく都道府県知事の処分、定款若しくは寄附行為に違反し、又はその運営が著しく適正を欠くと認めるときは、当該医療法人に対し、期限を定めて、必要な措置をとるべき旨を命ずることができる。
2　医療法人が前項の命令に従わないときは、都道府県知事は、当該医療法人に対し、期間を定めて業務の全部若しくは一部の停止を命じ、又は役員の解任を勧告することができる。
3　都道府県知事は、前項の規定により、業務の停止を命じ、又は役員の解任を勧告するに当たっては、あらかじめ、都道府県医療審議会の意見を聴かなければならない。

〔社会医療法人の業務の停止〕
第64条の2　都道府県知事は、社会医療法人が、次の各号のいずれかに該当する場合においては、社会医療法人の認定を取り消し、又は期間を定めて収益業務の全部若しくは一部の停止を命ずることができる。
　一　第42条の2第1項各号に掲げる要件を欠くに至ったとき。
　二　定款又は寄附行為で定められた業務以外の業務を行ったとき。
　三　収益業務から生じた収益を当該社会医療法人が開設する病院、診療所又は介護老人保健施設の経営に充てないとき。
　四　収益業務の継続が、社会医療法人が開設する病院、診療所又は介護老人保健施設（指定管理者として管理する病院等を含む。）の業務に支障があると認めるとき。
　五　不正の手段により第42条の2第1項の認定を受けたとき。
　六　この法律若しくはこの法律に基づく命令又はこれらに基づく処分に違反したとき。
2　都道府県知事は、前項の規定により認定を取り消すに当たっては、あらかじめ、都道府県医療審議会の意見を聴かなければならない。

〔設立認可の取消〕
第65条　都道府県知事は、医療法人が、成立した後又はすべての病院、診療所及び介護老人保健施設を休止若しくは廃止した後1年以内に正当な理由がないのに病院、診療所又は介護老人保健施設を開設しないとき、又は再開しないときは、設立の認可を取り消すことができる。

第66条　都道府県知事は、医療法人が法令の規定に違反し、又は法令の規定に基く都道府県知事の命令に違反した場合においては、他の方法により監督の目的を達することができないときに限り、設立の認可を取り消すことができる。

医療法施行令	医療法施行規則
	八　役員に関する事項 九　法第42条の2第1項の収益業務を行う場合はその業務 十　その他必要な事項 2　前項各号の記載事項に変更を生じたときは、都道府県知事は、遅滞なく訂正しなければならない。 〔都道府県知事が保存すべき書類〕 第39条　令第5条の14の厚生労働省令で定める書類は、法及びこの章の規定により提出された書類（法第52条第1項の規定により届け出られたものを除く。）とする。 〔読替規定〕 第39条の2　2以上の都道府県の区域において病院、診療所又は介護老人保健施設開設する医療法人に係るこの章の規定の適用については、第31条中「その主たる事務所の所在地を管轄する都道府県知事（以下「都道府県知事」という。）」とあり、第34条及び第35条中「都道府県知事」とあるのは、「厚生労働大臣」と、第31条の3から第31条の5まで、第32条第1項及び第38条第2項中「都道府県知事」とあるのは、「地方厚生局長」とする。 第40条から第42条まで　略 〔証票〕 第42条の2　法第63条第2項において準用する法第6条の8第3項の規定による当該職員の身分を示す証明書は、別記様式第4による。 第43条から第43条の2まで　略

2　都道府県知事は、前項の規定により設立の認可を取り消すに当たっては、あらかじめ、都道府県医療審議会の意見を聴かなければならない。

〔厚生労働大臣による設立認可取消処分指示〕
第66条の2　厚生労働大臣は、第64条第1項及び第2項、第64条の2第1項、第65条並びに前条第1項の規定による処分を行わないことが著しく公益を害するおそれがあると認めるときは、都道府県知事に対し、これらの規定による処分を行うべきことを指示することができる。

〔弁明の機会の付与等〕
第67条　都道府県知事は、第44条第1項、第55条第6項若しくは第57条第5項の規定による認可をしない処分をし、又は第64条第2項の規定により役員の解任を勧告するに当たっては、当該処分の名宛人又は当該勧告の相手方に対し、その指名した職員又はその他の者に対して弁明する機会を与えなければならない。この場合においては、都道府県知事は、当該処分の名宛人又は当該勧告の相手方に対し、あらかじめ、書面をもって、弁明をするべき日時、場所及び当該処分又は当該勧告をするべき事由を通知しなければならない。
2　前項の通知を受けた者は、代理人を出頭させ、かつ、自己に有利な証拠を提出することができる。
3　第1項の規定による弁明の聴取をした者は、聴取書を作り、これを保存するとともに、報告書を作成し、かつ、当該処分又は当該勧告をする必要があるかどうかについて都道府県知事に意見を述べなければならない。

〔一般社団法人及び一般社団法人に関する法律の準用〕
第68条　一般社団法人及び一般財団法人に関する法律（平成18年法律第48号）第4条、第78条、第158条及び第164条並びに会社法第662条、第664条、第868条第1項、第871条、第874条（第一号に係る部分に限る。）、第875条及び第876条の規定は、医療法人について準用する。この場合において、同法第664条中「社員に分配する」とあるのは、「残余財産の帰属すべき者又は国庫に帰属させる」と読み替えるものとする。

〔読替規定〕
第68条の2　2以上の都道府県の区域において病院、診療所又は介護老人保健施設を開設する医療法人に係るこの章の規定の適用については、第42条の2第1項及び第2項、第44条第1項及び第3項、第45条、第46条の2第1項ただし書、第46条の3第1項ただし書及び第2項、第46条の4第5項、第6項及び第7項第四号、第47条第1項ただし書、第50条第1項から第3項まで、第52条、第55条第6項、第7項（第57条第6項において準用する場合を含む。以下この項において同じ。）及び第8項、第56条の6、第56条の11、第56条の12第3項及び第4項、第57条第5項、第58条、第64条から第66条まで並びに第67条第1項及び第3項中「都道府県知事」とあるのは「厚生労働大臣」と、第42条の2第1項第四号中「所在地の都道府県に」とあるのは「所在地の全ての都道府県に」と、同条第2項、第45条第2項、第55条第7項、第64条第3項、第64条の2第2項及び第66条第2項中「都道府県医療審議会」とあるのは「社会保障審議会」と、第49条第2項中「第46条の2第1項ただし書の認可」とあるのは「第68条の2第1項の規定により読み替えて適用される第46条の2第1項ただし書の認可」と、第63条第1項中「都道府県知事は」とあるのは「厚生労働大臣又は都道府県知事は」と、「都道府県知事の」とあるのは「厚生労働大臣の」とする。

2　前項の規定により読み替えて適用される第42条の2第1項の規定による認定並びに第44条第1項、第46条の2第1項ただし書、第46条の3第1項ただし書、第47条第1項ただし書、第50条第1項、第55条第6項及び第57条第5項の規定による認可の申請は、都道府県知事を経由して行わなければならない。この場合において、都道府県知事は、必要な調査をし、意見を付するものとする。

〔政令への委任〕
第68条の3　この章に特に定めるものの外、医療法人の監督に関し必要な事項は、政令でこれを定める。

医療法施行令	医療法施行規則
	〔権限の委任〕 第43条の3　法第71条の5第1項及び令第5条の23第1項の規定により、次に掲げる厚生労働大臣の権限は、地方厚生局長に委任する。ただし、厚生労働大臣が第二号から第四号までに掲げる権限及び第五号に掲げる権限（法第68条の2の規定により読み替えて適用される法第46条の2第1項ただし書、第46条の3第1項ただし書、第47条第1項ただし書、第63条第1項及び第64条第1項に規定するものに限る。）を自ら行うことを妨げない。 　一　法第12条の3に規定する権限 　二　法第25条第3項及び第4項に規定する権限 　三　法第26条第1項に規定する権限 　四　法第71条の3第1項に規定する権限 　五　法第68条の2の規定により読み替えて適用される法第44条第3項、第46条の2第1項ただし書、第46条の3第1項ただし書、第46条の4第5項、第6項及び第7項第四号、第47条第1項ただし書、第50条第1項及び第3項、第52条、第56条の6、第56条の11、第56条の12第3項及び第4項、第63条第1項並びに第64条第1項に規定する権限 　六　令第5条の11第1項に規定する権限 　七　令第1条の規定により読み替えて適用される法第7条第1項から第3項まで、第8条の2第2項、第9条第1項、第12条第2項、第15条第3項、第23条の2、第24条第1項、第27条及び第28条に規定する権限 　八　令第4条の5の規定により読み替えて適用される令第4条第1項及び第2項、第4条の2第1項及び第2項並びに第4条の4に規定する権限 　九　令第5条の15の規定により読み替えて適用される令第5条の12及び第5条の13に規定する権限 2　法第71条の5第2項及び令第5条の23第2項の規定により、前項第一号から第三号まで及び第五号から第九号までに掲げる権限のうち地方厚生支局の管轄区域に係るものは、地方厚生支局長に委任する。ただし、地方厚生局長が前項第五号に掲げる権限（法第68条の2の規定により読み替えて適用される法第63条第1項及び第64条第1項に規定するものに限る。）を自ら行うことを妨げない。

第7章 雑則

〔都道府県医療審議会〕
第71条の2　この法律の規定によりその権限に属させられた事項を調査審議するほか、都道府県知事の諮問に応じ、当該都道府県における医療を提供する体制の確保に関する重要事項を調査審議するため、都道府県に、都道府県医療審議会を置く。
2　都道府県医療審議会の組織及び運営に関し必要な事項は、政令で定める。

第71条の3から第71条の6まで　略

第8章 罰則

第71条の7から第71条の15まで　略

第72条　第5条第2項若しくは第25条第2項若しくは第4項の規定による診療録若しくは助産録の提出又は同条第1項若しくは第3項の規定による診療録若しくは助産録の検査に関する事務に従事した公務員又は公務員であった者が、その職務の執行に関して知り得た医師、歯科医師若しくは助産師の業務上の秘密又は個人の秘密を正当な理由がなく漏らしたときは、1年以下の懲役又は50万円以下の罰金に処する。
2　職務上前項の秘密を知り得た他の公務員又は公務員であった者が、正当な理由がなくその秘密を漏らしたときも、同項と同様とする。
3　第6条の11第4項、第30条の15第4項又は第30条の19第5項の規定に違反した者は、1年以下の懲役又は50万円以下の罰金に処する。

第73条から第74条まで　略

〔両罰規定〕
第75条　法人の代表者又は法人若しくは人の代理人、使用人その他の従業者が、その法人又は人の業務に関して前2条の違反行為をしたときは、行為者を罰するほか、その法人又は人に対しても各本条の罰金刑を科する。

第75条の2　略

第75条の3　第30条の12第5項の規定による命令に違反した者は、30万円以下の過料に処する。

〔過料〕
第76条　次の各号のいずれかに該当する場合においては、医療法人の理事、監事又は清算人は、これを20万円以下の過料に処する。ただし、その行為について刑を科すべきときは、この限りでない。
　一　この法律に基づく政令の規定による登記をすることを怠ったとき。
　二　第46条第2項の規定による財産目録の備付けを怠り、又はこれに記載すべき事項を記載せず、若しくは虚偽の記載をしたとき。
　三　第50条第3項又は第52条第1項の規定に違反して、届出をせず、又は虚偽の届出をしたとき。
　四　第51条の2の規定による書類の備付けを怠り、その書類に記載すべき事項を記載せず、若しくは虚偽の記載をし、又は正当な理由がないのに同条の規定による閲覧を拒んだとき。
　五　第54条の規定に違反して剰余金の配当をしたとき。
　六　第55条第5項又は第5条の10第1項の規定による破産手続開始の申立てを怠ったとき。
　七　第56条の8第1項又は第56条の10第1項の規定による公告を怠り、又は虚偽の公告をしたとき。
　八　第58条又は第59条第1項若しくは第3項の規定に違反したとき。

医療法施行令	医療法施行規則
	附則 第51条から第55条まで　略 〔移行計画の認定〕 第56条　良質な医療を提供する体制の確立を図るための医療法等の一部を改正する法律（平成18年法律第84号。以下「平成18年改正法」という。）附則第10条の3第1項の規定により移行計画（同項に規定する移行計画をいう。以下同じ。）が適当である旨の認定を受けようとする経過措置医療法人（平成18年改正法附則第10条の2に規定する経過措置医療法人をいう。）は、附則様式第一による移行計画認定申請書に移行計画を添付して、厚生労働大臣に提出しなければならない。 2　移行計画は、附則様式第二によるものとする。 3　平成18年改正法附則第10条の3第2項第五号の厚生労働省令で定める事項は、次のとおりとする。 　一　合併の見込み 　二　出資者による持分の放棄又は払戻しの見込み 　三　平成18年改正法附則第10条の7の資金の融通のあつせんを受ける見込み 〔移行計画に添付する書類〕 第57条　平成18年改正法附則第10条の3第3項第一号に掲げる定款には、同条第1項の認定を受ける旨を記載しなければならない。 2　平成18年改正法附則第10条の3第3項第二号に規定する出資者名簿は、附則様式第三によるものとする。 3　平成18年改正法附則第10条の3第3項第三号の厚生労働省令で定める書類は、次のとおりとする。 　一　社員総会の議事録 　二　直近の3会計年度（法第53条に規定する会計年度をいう。）に係る貸借対照表及び損益計算書 〔移行計画の変更〕 第58条　平成18年改正法附則第10条の4第1項の規定により移行計画の変更の認定を受けようとする認定医療法人（同項に規定する認定医療法人をいう。以下同じ。）は、附則様式第四による移行計画変更認定申請書を厚生労働大臣に提出しなければならない。 2　前項の移行計画変更認定申請書には、次に掲げる書類を添付しなければならない。 　一　変更後の移行計画 　二　変更前の移行計画の写し 　三　平成18年改正法附則第10条の3第1項の認定を受けたことを証明する書類の写し

医療法

 九 第63条第1項の規定による報告を怠り、若しくは虚偽の報告をし、又は同項の規定による検査を拒み、妨げ、若しくは忌避したとき。
 十 第64条第2項又は第64条の2第1項の規定による命令に違反して業務を行ったとき。

第77条 第40条の規定に違反した者は、これを10万円以下の過料に処する。

医療法施行令	医療法施行規則
	四　社員総会の議事録 五　その他参考となる書類 3　移行計画の趣旨の変更を伴わない軽微な変更は、平成18年改正法附則第10条の4第1項の変更の認定を要しないものとする。 〔移行計画の認定の取消し〕 第59条　平成18年改正法附則第10条の4第2項の厚生労働省令で定めるときは、次のとおりとする。 　一　平成18年改正法附則第10条の3第1項の認定を受けた日から3ヶ月以内に、当該認定を受けた旨の定款の変更について、法第50条第1項の認可を受けなかったとき。 　二　認定医療法人が合併以外の理由により解散したとき。 　三　認定医療法人が合併により消滅したとき。 　四　認定医療法人が不正の手段により移行計画の認定を受けたことが判明したとき。 　五　認定医療法人が平成18年改正法附則第10条の4第1項の規定に違反したとき。 　六　認定医療法人が平成18年改正法附則第10条の8の規定による報告をせず、又は虚偽の報告をしたとき。 〔厚生労働大臣への報告〕 第60条　平成18年改正法附則第10条の8の報告をしようとする認定医療法人は、次の各号に掲げる期間に係る附則様式第五による実施状況報告書を、当該各号に定める日までに厚生労働大臣に提出しなければならない。 　一　平成18年改正法附則第10条の3第1項の認定（以下この号及び次号において「認定」という。）を受けた日から同日以後1年を経過する日までの期間　認定を受けた日から起算して1年3月を経過する日 　二　認定を受けた日以後1年を経過する日の翌日から同日以後1年を経過する日までの期間　認定を受けた日から起算して2年3月を経過する日 2　前項のほか、認定医療法人は、平成18年改正法附則第10条の3第1項の認定を受けた旨又は新医療法人（平成18年改正法附則第10条の2に規定する新医療法人をいう。）へ移行する旨の定款の変更について、法第50条第1項の認可を受けた場合にあっては、当該認可を受けた日から3月を経過する日までに、その旨を厚生労働大臣に報告しなければならない。この場合において、認定医療法人は、附則様式第五による実施状況報告書に次に掲げる書類を添付して、厚生労働大臣に提出するものとする。

医療法

医療法施行令	医療法施行規則
	一　変更後の定款及び当該変更に係る新旧対照表 　二　定款変更の認可書の写し 　三　社員総会の議事録 3　前2項のほか、認定医療法人は、出資者による持分の放棄その他の処分があった場合にあっては、当該処分のあった日から3月を経過する日までに、その旨を厚生労働大臣に報告しなければならない。この場合において、認定医療法人は、附則様式第五による実施状況報告書に次に掲げる書類を添付して、厚生労働大臣に提出するものとする。 　一　出資者名簿 　二　附則様式第六による出資持分の状況報告書 　三　その他持分の処分の詳細を明らかにする書類 4　前項の場合において、出資者による持分の放棄があったときは、認定医療法人は、前項各号の書類に加えて、附則様式第七による出資持分の放棄申出書も添付しなければならない。

2 改正医療法附則（抄）

（特別医療法人に関する経過措置）

第8条　この法律の施行の際現に旧医療法第42条第2項に規定する特別医療法人である者（以下この条において「旧特別医療法人」という。）については、施行日から5年を経過する日までの間（当該期間内に新医療法第42条の2第1項の認定を受けたときは、その日までの間）は、旧医療法第42条第2項及び第3項並びに第64条の2（旧医療法第68条の2第1項において読み替えて適用する場合を含む。）の規定（旧医療法第64条の2の規定に係る罰則を含む。）は、なおその効力を有する。旧特別医療法人が施行日から5年を経過する日までの間に新医療法第42条の2第1項の認定の申請をした場合において、当該期間を経過したときは、その申請に対する処分があるまでの間も、同様とする。

（定款又は寄附行為の変更に関する経過措置）

第9条　施行日前に設立された医療法人は、施行日から1年以内に、この法律の施行に伴い必要となる定款又は寄附行為の変更につき医療法第50条第1項の認可（2以上の都道府県の区域において病院、診療所又は介護老人保健施設を開設する医療法人にあっては、新医療法第68条の2第1項において読み替えて適用する医療法第50条第1項の認可）の申請をしなければならない。

2　施行日前に設立された医療法人の定款又は寄附行為は、施行日から1年を経過する日（前項の規定により定款又は寄附行為の変更の認可の申請をした医療法人については、当該申請に対する処分があった日）までは、新医療法第6章の規定により定められた定款又は寄附行為とみなす。この場合において、当該定款又は寄附行為と同章の規定が抵触する場合においては、当該抵触する部分については、同章の規定は、適用しない。

（残余財産に関する経過措置）

第10条　新医療法第44条第4項の規定は、施行日以後に申請された同条第1項の認可について適用し、施行日前に申請された同項の認可については、なお従前の例による。

2 施行日前に設立された医療法人又は施行日前に医療法第44条第1項の規定による認可の申請をし、施行日以後に設立の認可を受けた医療法人であって、施行日において、その定款又は寄附行為に残余財産の帰属すべき者に関する規定を設けていないもの又は残余財産の帰属すべき者として新医療法第44条第4項に規定する者以外の者を規定しているものについては、当分の間（当該医療法人が、施行日以後に、残余財産の帰属すべき者として、同項に規定する者を定めることを内容とする定款又は寄附行為の変更をした場合には、当該定款又は寄附行為の変更につき医療法第50条第1項の認可を受けるまでの間）、新医療法第50条第4項の規定は適用せず、旧医療法第56の規定は、なおその効力を有する。

（役員の任期に関する経過措置）
第11条 この法律の施行の際現に医療法人の役員である者の任期は、新医療法第46条の2第3項の規定にかかわらず、この法律の施行の際におけるその者の役員としての残任期間と同一の期間とする。

（事業報告書等に関する経過措置）
第12条 新医療法第46条の4第3項（第3号に係る部分に限る。）の規定は、施行日以降に始まる会計年度に係る監査報告書について適用する。

2 新医療法第51条から第52条までの規定は、施行日以降に始まる会計年度について適用し、施行日前に始まる会計年度については、旧医療法第51条及び第52条の規定は、なおその効力を有する。

3 社団医療法人の定款例

平成19年3月30日医政発第0330049号各都道府県知事宛厚生労働省医政局通知

社団医療法人の定款例	備　考
医　療　法　人　〇〇　会　款 **第1章　名称及び事務所** 第1条　本社団は、医療法人〇〇会と称する。 第2条　本社団は、事務所を〇〇県〇〇郡（市）〇〇町（村）〇〇番地に置く。 **第2章　目的及び事業** 第3条　本社団は、病院（診療所、介護老人保健施設）を経営し、科学的でかつ適正な医療（及び疾病・負傷等により寝たきりの状態等にある老人に対し、看護、医学的管理下の介護及び必要な医療等）を普及することを目的とする。 第4条　本社団の開設する病院（診療所、介護老人保健施設）の名称及び開設場所は、次のとおりとする。 (1)　〇〇病院〇〇県〇〇郡（市）〇〇町（村） (2)　〇〇診療所〇〇県〇〇郡（市）〇〇町（村） (3)　〇〇園〇〇県〇〇郡（市）〇〇町（村） 2　本社団が〇〇市（町、村）から指定管理者として指定を受けて管理する病院（診療所、介護老人保健施設）の名称及び開設場所は、次のとおりとする。 (1)　〇〇病院〇〇県〇〇郡（市）〇〇町（村） (2)　〇〇診療所〇〇県〇〇郡（市）〇〇町（村） (3)　〇〇園〇〇県〇〇郡（市）〇〇町（村） 第5条　本社団は、前条に掲げる病院（診療所、介護老人保健施設）を経営するほか、次の業務を行う。 　〇〇看護師養成所の経営 **第3章　社　　員** 第6条　本社団の社員になろうとする者は、社員総会の承認を得なければならない。 2　本社団は、社員名簿を備え置き、社員の変更があるごとに必要な変更を加えなければならない。	・事務所については、複数の事務所を有する場合は、すべてこれを記載し、かつ、主たる事務所を定めること。 ・病院、診療所又は介護老人保健施設のうち、開設する施設を掲げる。 （以下、第4条、第5条及び第18条において同じ。） ・介護老人保健施設のみを開設する医療法人については、「本社団は、介護老人保健施設を経営し、疾病・負傷等により寝たきりの状態等にある老人に対し、看護、医学的管理下の介護及び必要な医療等を普及することを目的とする。」とする。 ・本項には、地方自治法（昭和22年法律第67号）に基づいて行う指定管理者として管理する病院（診療所、介護老人保健施設）の名称及び開設場所を掲げる。行わない場合には、掲げる必要はない。（以下、第18条第3項及び第19条第5項において同じ。） ・本条には、医療法（昭和23年法律第205号。以下「法」という。）第42条各号の規定に基づいて行う附帯業務を掲げる。行わない場合には、掲げる必要はない。

社団医療法人の定款例	備　考
第7条　社員は、次に掲げる理由によりその資格を失う。 (1)　除名 (2)　死亡 (3)　退社 2　社員であって、社員たる義務を履行せず本社団の定款に違反し又は品位を傷つける行為のあった者は、社員総会の議決を経て除名することができる。	
第8条　やむを得ない理由のあるときは、社員はその旨を理事長に届け出て、その同意を得て退社することができる。	・退社について社員総会の承認の議決を要することとしても差し支えない。
第4章　資産及び会計 第9条　本社団の資産は次のとおりとする。 (1)　設立当時の財産 (2)　設立後寄附された金品 (3)　諸種の資産から生ずる果実 (4)　事業に伴う収入 (5)　その他の収入 2　本社団の設立当時の財産目録は、主たる事務所において備え置くものとする。	
第10条　本社団の資産のうち、次に掲げる財産を基本財産とする。 (1)　・・・ (2)　・・・ (3)　・・・ 2　基本財産は処分し、又は担保に供してはならない。ただし、特別の理由のある場合には、理事会及び社員総会の議決を経て、処分し、又は担保に供することができる。	・不動産、運営基金等重要な資産は、基本財産とすることが望ましい。 ・社員総会のみの議決でよいこととしても差し支えないが、理事会の議決を経ることとすることが望ましい。(以下、第13条及び第16条において同じ。)
第11条　本社団の資産は、社員総会で定めた方法によって、理事長が管理する。	
第12条　資産のうち現金は、日本郵政公社、確実な銀行又は信託会社に預け入れ若しくは信託し、又は国公債若しくは確実な有価証券に換え保管するものとする。	
第13条　本社団の収支予算は、毎会計年度開始前に理事会及び社員総会の議決を経て定める。	
第14条　本社団の会計年度は、毎年4月1日に始まり翌年3月31日に終る。	・任意に1年間を定めても差し支えない。（法第53条参照）

社団医療法人の定款例	備　考
第15条　本社団の決算については、毎会計年度終了後２月以内に、事業報告書、財産目録、貸借対照表及び損益計算書（以下「事業報告書等」という。）を作成しなければならない。 ２　本社団は、事業報告書等、監事の監査報告書及び本社団の定款を事務所に備えて置き、社員又は債権者から請求があった場合には、正当な理由がある場合を除いて、これを閲覧に供しなければならない。 ３　本社団は、毎会計年度終了後３月以内に、事業報告書等及び監事の監査報告書を○○県知事（○○厚生局長）に届け出なければならない。 第16条　決算の結果、剰余金を生じたときは、理事会及び社員総会の議決を経てその全部又は一部を基本財産に繰り入れ、又は積立金として積み立てるものとし、配当してはならない。 　**第５章　役　　員** 第17条　本社団に、次の役員を置く。 (1)　理事○名以上○名以内 　　うち理事長１名 (2)　監事○名 第18条　理事及び監事は、社員総会において選任する。 ２　理事長は、理事の互選によって定める。 ３　本社団が開設（指定管理者として管理する場合を含む。）する病院（診療所、介護老人保健施設）の管理者は、必ず理事に加えなければならない。 ４　前項の理事は、管理者の職を退いたときは、理事の職を失うものとする。 ５　理事又は監事のうち、その定数の５分の１を超える者が欠けたときは、１月以内に補充しなければならない。 第19条　理事長のみが本社団を代表する。 ２　理事長は本社団の業務を総理する。 ３　理事は、本社団の常務を処理し、理事長に事故があるときは、理事長があらかじめ定めた順位に従い、理事がその職務を行う。 ４　監事は、次の職務を行う。 (1)　本社団の業務を監査すること。 (2)　本社団の財産の状況を監査すること。	・２以上の都道府県の区域において病院、診療所又は介護老人保健施設を開設する医療法人については、主たる事務所の所在地を管轄する地方厚生局長に届け出るものとする。 ・原則として、理事は３名以上置かなければならない。都道府県知事の認可を受けた場合には、１名又は２名でも差し支えない。（法第46条の２参照）なお、理事を１名又は２名置くこととした場合でも、社員は３名以上置くことが望ましい。 ・病院、診療所又は介護老人保健施設を２以上開設する場合において、都道府県知事（２以上の都道府県の区域において病院、診療所又は介護老人保健施設を開設する医療法人については主たる事務所の所在地を管轄する地方厚生局長の認可（以下、第31条において同じ。）を受けた場合は、管理者（指定管理者として管理する病院等の管理者を除く。）の一部を理事に加えないことができる。（法第47条参照） ・理事の職への再任を妨げるものではない。

社団医療法人の定款例	備　考
(3)　本社団の業務又は財産の状況について、毎会計年度、監査報告書を作成し、当該会計年度終了後3月以内に社員総会又は理事に提出すること。 (4)　第1号又は第2号による監査の結果、本社団の業務又は財産に関し不正の行為又は法令若しくはこの定款に違反する重大な事実があることを発見したときは、これを○○県知事（○○厚生局長）又は社員総会に報告すること。 (5)　第4号の報告をするために必要があるときは、社員総会を招集すること。 (6)　本社団の業務又は財産の状況について、理事に対して意見を述べること。 5　監事は、本社団の理事又は職員（本社団の開設する病院、診療所又は介護老人保健施設（指定管理者として管理する病院等を含む。）の管理者その他の職員を含む。）を兼ねてはならない。 第20条　役員の任期は2年とする。ただし、再任を妨げない。 2　補欠により就任した役員の任期は、前任者の残任期間とする。 3　役員は、任期満了後といえども、後任者が就任するまでは、その職務を行うものとする。 **第6章　会　議** 第21条　会議は、社員総会及び理事会の2つとし、社員総会はこれを定時総会と臨時総会に分ける。 第22条　定時総会は、毎年2回、○月及び○月に開催する。 第23条　理事長は、必要があると認めるときは、いつでも臨時総会及び理事会を招集することができる。 2　社員総会の議長は、社員総会において選任し、理事会の議長は、理事長をもってあてる。 3　理事長は、総社員の5分の1以上の社員から会議に付議すべき事項を示して臨時総会の招集を請求された場合には、その請求のあった日から20日以内に、これを招集しなければならない。 4　理事会を構成する理事の3分の1以上から連名をもって理事会の目的たる事項を示して請求があったときは、理事長は理事会を招集しなければならない。 第24条　次の事項は、社員総会の議決を経なければならない。 (1)　定款の変更 (2)　基本財産の設定及び処分（担保提供を含む。） (3)　毎事業年度の事業計画の決定及び変更 (4)　収支予算及び決算の決定 (5)　剰余金又は損失金の処理 (6)　借入金額の最高限度の決定 (7)　社員の入社及び除名 (8)　本社団の解散 (9)　他の医療法人との合併契約の締結 (10)　その他重要な事項	・定時総会は、場合によっては年1回の開催としても差し支えないが、収支予算の決定と決算の決定のため年2回開催することが望ましい。 ・総社員の5分の1の割合については、これを下回る割合を定めることができる。

社団医療法人の定款例	備考

第25条　社員総会は、総社員の過半数の出席がなければ、その議事を開き、議決することができない。
2　社員総会の議事は、出席した社員の過半数で決し、可否同数のときは、議長の決するところによる。
3　前項の場合において、議長は、社員として議決に加わることができない。

第26条　社員総会の招集は、期日の少なくとも5日前までに会議の目的である事項、日時及び場所を記載し、理事長がこれに記名した書面で社員に通知しなければならない。
2　社員総会においては、前項の規定によってあらかじめ通知した事項のほか議決することができない。ただし、急を要する場合はこの限りではない。

第27条　社員は、社員総会において1個の議決権及び選挙権を有する。

第28条　社員は、あらかじめ通知のあった事項についてのみ書面又は代理人をもって議決権及び選挙権を行使することができる。ただし、代理人は社員でなければならない。
2　代理人は、代理権を証する書面を議長に提出しなければならない。

第29条　会議の議決事項につき特別の利害関係を有する者は、当該事項につきその議決権を行使できない。

第30条　社員総会の議事についての細則は、社員総会で定める。
2　理事会の議事についての細則は、理事会で定める。

第7章　定款の変更

第31条　この定款は、社員総会の議決を経、かつ、○○県知事（○○厚生局長）の認可を得なければ変更することができない。

第8章　解散及び合併

第32条　本社団は、次の事由によって解散する。
(1)　目的たる業務の成功の不能
(2)　社員総会の決議
(3)　社員の欠亡
(4)　他の医療法人との合併
(5)　破産手続開始の決定
(6)　設立認可の取消し
2　本社団は、総社員の4分の3以上の賛成がなければ、前項第2号の社員総会の決議をすることができない。
3　第1項第1号又は第2号の事由により解散する場合は、○○県知事（厚生労働大臣）の認可を受けなければならない。

社団医療法人の定款例	備　考
第33条　本社団が解散したときは、合併及び破産手続開始の決定による解散の場合を除き、理事がその清算人となる。ただし、社員総会の議決によって理事以外の者を選任することができる。 2　清算人は、社員の欠亡による事由によって本社団が解散した場合には、○○県知事（厚生労働大臣）にその旨を届け出なければならない。 3　清算人は、次の各号に掲げる職務を行い、又、当該職務を行うために必要な一切の行為をすることができる。 (1) 現務の結了 (2) 債権の取立て及び債務の弁済 (3) 残余財産の引渡し 第34条　本社団が解散した場合の残余財産は、合併及び破産手続開始の決定による解散の場合を除き、次の者から選定して帰属させるものとする。 (1) 国 (2) 地方公共団体 (3) 医療法第31条に定める公的医療機関の開設者 (4) 郡市区医師会又は都道府県医師会（民法第34条の規定により設立された法人に限る。） (5) 財団医療法人又は社団医療法人であって持分の定めのないもの 第35条　本社団は、総社員の同意があるときは、○○県知事（厚生労働大臣）の認可を得て、他の社団医療法人と合併することができる。 **第9章　雑　則** 第36条　本社団の公告は、官報（及び○○新聞）によって行う。 第37条　この定款の施行細則は、理事会及び社員総会の議決を経て定める。 　　　　附　則 本社団設立当初の役員は、次のとおりとする。 　理事長　○　○　○　○ 　理　事　○　○　○　○ 　　同　　○　○　○　○ 　　同　　○　○　○　○ 　　同　　○　○　○　○ 　　同　　○　○　○　○ 　　同　　○　○　○　○ 　監　事　○　○　○　○ 　　同　　○　○　○　○	・法第44条第3項参照。

4 医療法人運営管理指導要綱

平成2年3月1日健政発第110号各都道府県知事宛厚生省健康政策局長通知(最終改正平成24年3月30日)

項　目	運営管理指導要綱	備　考
Ⅰ　組織運営 1　定款・寄附行為	1　モデル定款・寄附行為に準拠していること。 2　定款又は寄附行為の変更が所要の手続きを経て行われていること。	・平成19年3月30日医政発第0330049号医政局長通知 ・医療法第50条 （注）定款又は寄附行為の変更に関し、届出で良いとされる事項について、届出をしない場合又は虚偽の届出をした場合は、20万円以下の過料に処せられること。（医療法第76条第3号）
2　役員 (1) 定数・現員	1　役員名簿の記載及び整理が適正に行われていること。	・役員名簿の記載事項は次のとおり ①　役職名 ②　氏　名 ③　生年月日（年齢） ④　性　別 ⑤　住　所 ⑥　職　業 ⑦　現就任年月日・任期
	2　役員に変更があった場合は、その都度、都道府県知事又は主たる事務所の所在地を管轄する地方厚生局長に届出がなされていること。	・医療法施行令第5条の13 ・添付書類 ①　就任承諾書 ②　履歴書 ・適正に選任されていることを確認することを要する。
	3　役員として理事3人以上、監事1人以上を置いていること。 　　また、3人未満の理事を置く場合は都道府県知事の認可を得ていること。	・医療法第46条の2第1項 理事3人未満の都道府県知事の認可は、医師、歯科医師が常時1人又は2人勤務する診療所を一か所のみ開設する医療法人に限る。 　その場合であっても、可能な限り、理事2人を置くことが望ましい。
	4　役員の定数は、事業規模等の実態に即したものであること。 5　役員の欠員が生じていないこと。	・医療法第48条の2においては、理事又は監事のうち、その定数の5分の1を超える者が欠けた場合は、1月以内に補充しなければならないとされているが、1名でも

項　目	運営管理指導要綱	備　考
	6　社会医療法人の場合は、親族等の占める割合が役員総数の3分の1を超えていないこと。	欠員が生じた場合には、速やかに補充することが望ましいこと。 ・医療法第42条の2第1項第1号 ・医療法施行規則第30条の35
(2) 選任・任期	1　役員の選任手続きが、定款又は寄附行為の定めに従い行われていること。 2　選任関係書類が整備されていること。	・社員総会又は評議員会で適正に決議されていること。（モデル定款・寄附行為） ・選任関係書類は、次のとおりである。 　① 社員総会議事録又は評議員会議事録 　② 就任承諾書 　③ 履歴書
	3　役員の任期は2年以内とすること。なお、補欠の役員の任期は、前任者の残任期間であること。 4　任期の切れている役員がいないこと。	・医療法第46条の2第3項
(3) 適格性	1　自然人であること。 2　欠格事由に該当していないこと。（選任時だけでなく、在任期間中においても同様である。）	・医療法第46条の2第2項 ・欠格事由 　① 成年被後見人又は被保佐人 　② 医療法、医師法等医事に関する法令の規定により罰金以上の刑に処せられ、その執行を終わり、又は執行を受けることがなくなった日から起算して2年を経過しない者 　③ ②に該当する者を除くほか、禁錮以上の刑に処せられ、その執行を終わり、又は、執行を受けることがなくなるまでの者 ・医療法人と関係のある特定の営利法人の役員が理事長に就任したり、役員として参画していることは、非営利性という観点から適当でないこと。
(4) 代表者（理事長）	1　当該法人の代表権は、理事長にのみ与えられていること。	・医療法第46条の4第1項 ・定款・寄附行為に明確に規定されていること。

項　目	運営管理指導要綱	備　考
	2　理事長の職務履行ができない場合の規定が定款又は寄附行為に定められていること。 3　理事長は医師又は歯科医師の理事の中から選出されていること。 4　医師又は歯科医師でない理事のうちから理事長を選出する場合は都道府県知事又は主たる事務所の所在地を管轄する地方厚生局長の認可を得ていること。	・医療法第46条の4第2項 ・医療法第46条の3第1項 ・医療法第46条の3第1項 ・医師、歯科医師でない理事のうちから選任することができる場合は以下のとおりである。 ① 理事長が死亡し、又は重度の傷病により理事長の職務を継続することが不可能となった際に、その子女が医科又は歯科大学（医学部又は歯学部）在学中か、又は卒業後、臨床研修その他の研修を終えるまでの間、医師又は歯科医師でない配偶者等が理事長に就任しようとする場合 ② 次に掲げるいずれかに該当する医療法人 　イ　特定医療法人又は社会医療法人 　ロ　地域医療支援病院を経営している医療法人 　ハ　公益財団法人日本医療機能評価機構が行う病院機能評価による認定を受けた医療機関を経営している医療法人 ③ 候補者の経歴、理事会構成等を総合的に勘案し、適正かつ安定的な法人運営を損なうおそれがないと都道府県知事が認めた医療法人
	5　理事長は、各理事の意見を十分に尊重し、理事会の決定に従って法人運営及び事業経営を行っていること。	
(5) 理事	1　当該法人が開設する病院等（指定管理者として管理する病院等を含む。）の管理者はすべて理事に加えられていること。	・医療法第47条第1項

項　目	運営管理指導要綱	備　考
	2　管理者を理事に加えない場合は都道府県知事又は主たる事務所の所在地を管轄する地方厚生局長の認可を得ていること。 3　実際に法人運営に参画できない者が名目的に選任されていることは適当でないこと。	・医療法第47条第1項 ・管理者を理事に加えないことができる場合は、多数の病院等を開設する医療法人で、離島等法人の主たる事務所から遠隔地にある病院等の管理者の場合である。
(6) 監事	1　理事、評議員及び法人の職員を兼任していないこと。 　　また、他の役員と親族等の特殊の関係がある者ではないこと。 2　当該法人の業務及び財産の状況特に事業報告書、財産目録、貸借対照表及び損益計算書について十分な監査が行われていること。 3　監査報告書が作成され、会計年度終了後3月以内に社員総会又は理事会に提出されていること。 4　法人の適正な会計管理等を行う観点からも内部監査機構の確立を図ることが重要である。 　　また、病院又は介護老人保健施設等を開設する医療法人の監査については外部監査が行われることが望ましい。 5　実際に法人監査業務を実施できない者が名目的に選任されていることは適当でなく財務諸表を監査しうる者が選任されていること。	・医療法第48条 ・医療法第46条の4第7項第1号及び第2号 ・医療法第46条の4第7項第3号 ・特に負債100億円以上の医療法人については、公認会計士又は監査法人による監査あるいは指導を受けることが望ましいこと。
3　評議員 (財団たる医療法人)	1　自然人であること。 2　理事の定数を超える数の評議員をもって組織すること(医療法第46条の2第1項ただし書の認可を受けた場合、3人以上)。 3　次に掲げる者から選任されていること。 　①　医師、歯科医師、薬剤師、看護師その他の医療従事者 　②　病院、診療所又は介護老人保健施設の経営に関し識見	・医療法第49条第2項 ・必ず選任する必要があること。 ・任期を定めることが望ましいこと。 ・医療法第49条の4第1項

項　目	運営管理指導要綱	備　考
	を有する者 ③　医療を受ける者 ④　①から③までに掲げる者のほか、寄附行為に定めるところにより選任された者 4　当該法人の役員を兼任していないこと。 5　評議員名簿を作成し、記載及び整理が適正に行われていることが望ましいこと。 6　評議員としての職務を行使できない者が名目的に選任されていることは適当でないこと。 7　社会医療法人の場合は、親族等の占める割合が評議員総数の3分の1を超えていないこと。	・医療法第49条の4第2項 ・医療法第42条の2第1項第3号
4　社員 （社団たる医療法人） (1) 現員	1　社員名簿の記載及び整理が適正に行われていること。 2　社員は社員総会において法人運営の重要事項についての議決権及び選挙権を行使する者であり、実際に法人の意思決定に参画できない者が名目的に社員に選任されていることは適正でないこと。 3　社会医療法人の場合は、親族等の占める割合が社員総数の3分の1を超えていないこと。	・社員名簿の記載事項は次のとおり 　①　氏名 　②　生年月日（年齢） 　③　性別 　④　住所 　⑤　職業 　⑥　入社年月日（退社年月日） 　⑦　出資持分の定めがある医療法人の場合は出資額及び持分割合 ・未成年者でも、自分の意思で議決権が行使できる程度の弁別能力を有していれば（義務教育終了程度の者）社員となることができる。 ・出資持分の定めがある医療法人の場合、相続等により出資持分の払戻し請求権を得た場合であっても、社員としての資格要件を備えていない場合は社員となることはできない。 ・医療法第42条の2第1項第2号

項　目	運営管理指導要綱	備　考
(2) 入社・退社	1　社員の入社については社員総会で適正な手続きがなされ、承認を得ていること。 2　社員の退社については定款上の手続きを経ていること。 3　社員の入社及び退社に関する書類は整理保管されていること。 4　出資持分の定めがある医療法人の場合、社員の出資持分の決定、変更及び払戻しについては適正な出資額の評価に基づいて行われていること。	
(3) 議決権	1　社員の議決権は各1個であること。	・医療法第48条の4第1項 ・出資額や持分割合による議決数を与える旨の定款の定めは、その効力を有しない。
5　会議 (1) 開催状況	1　開催手続きが、定款又は寄附行為の定めに従って行われていること。	・招集権者である理事長が会議を招集していること。 ・社員総会の議長は、社員総会において選任されていること。 ・臨時社員総会及び評議員会は、会議を構成する社員又は評議員の5分の1以上から招集を請求された場合、20日以内に招集しなければならない。 ・会議の開催通知は期日の少なくとも5日前に文書で行われていること。
	2　社員総会、理事会及び評議員会（以下、「会議」という。）は定款又は寄附行為に定められた時期及び必要な時期に開催されていること。 3　定款又は寄附行為の変更のための社員総会又は理事会、予算・決算の決定のための社員総会又は理事会の外社員総会及び理事会の議決を要する事項がある場合、その他事業運営の実態に即し、必要に応じて社員総会又は理事会が開催されていること。	

項　目	運営管理指導要綱	備　考
(2) 審議状況	1　会議は定款又は寄附行為に定められた定足数を満たして有効に成立していること。 2　定款又は寄附行為により会議の議決事項とされている事項について適正に決議されていること。	・社員総会の議決事項 ①　定款の変更 ②　基本財産の設定及び処分(担保提供を含む。) ③　毎事業年度の事業計画の決定及び変更 ④　収支予算及び決算の決定 ⑤　剰余金又は損失金の処理 ⑥　借入金額の最高限度の決定 ⑦　社員の入社及び除名 ⑧　本社団の解散 ⑨　他の医療法人との合併契約の締結 ⑩　その他重要な事項 ・財団たる医療法人の理事会の議決事項及び評議員会への諮問事項 ①　寄附行為の変更 ②　基本財産の設定及び処分(担保提供を含む。) ③　毎事業年度の事業計画の決定及び変更 ④　収支予算及び決算の決定 ⑤　剰余金又は損失金の処理 ⑥　借入金額の最高限度の決定 ⑦　本財団の解散 ⑧　他の医療法人との合併契約の締結 ⑨　その他重要な事項 　（社団たる医療法人の場合に準用する。）
	3　議決が定款又は寄附行為の定めに従って、有効に成立していること。 4　議決には、議長及びその議案に対する利害関係者が加わっていないこと。 5　議決権の委任については、書面により会議の構成員に対して適正に行われていること。	

項　目	運営管理指導要綱	備　考
(3) 記録	1　会議開催の都度、議事録は正確に記録され、保存されていること。	・議事録記載事項は次のとおり ①　開催年月日及び開催時刻 ②　開催場所 ③　出席者氏名（定数） ④　議案 ⑤　議案に関する発言内容 ⑥　議案に関する表決結果 ⑦　議事録署名人の署名、署名年月日
Ⅱ　業務 1　業務一般	1　定款又は寄附行為に記載されている業務が行われていること。	・業務を停止している事実があるときは、その措置について法人側の方針を確かめた上、その具体的な是正の方法について報告を求めるとともに、廃止する場合は速やかに定款変更等の手続きを行わせること。
	2　定款又は寄附行為に記載されていない業務を行っていないこと。	・定款等に記載されていない業務を行っている場合は、その措置について法人側の方針を確かめた上、必要に応じてその業務の中止を指導、定款変更等の手続きを行わせること。
	3　自ら病院等を開設することなく、指定管理者として公の施設である病院等を管理することのみを行うことはできないこと。 4　社会医療法人の場合は、当該法人が開設する病院又は診療所のうち1以上（2以上の都道府県の区域において開設する場合は、それぞれの都道府県で1以上）のものが、その病院又は診療所の所在地の都道府県で救急医療等確保事業を行っていること。	
2　附帯業務	1　附帯業務の経営により、医療事業等主たる事業の経営に支障を来たしていないこと。	・医療法第42条各号 ・その開設する病院、診療所及び介護老人保健施設の業務に支障のない限り、定款又は寄附行為の定めるところにより、平成19年3月30日医政発第0330053号医政局長通知別表に掲げる業務の全部又は一部を行うことができる。

項　目	運営管理指導要綱	備　考
Ⅲ　管理 1　人事管理 (1)　任免関係	1　病院、診療所等の管理者の任免に当たっては、理事会の議決を経ていること。 2　また、病院、診療所等の管理者以外の職員の任免に当たっても、理事会の審議を経ていることが望ましいこと。	
(2)　労務関係	1　就業規則・給与規定・退職金規定が設けられていることが望ましいこと。 2　職員の処遇が労働基準法等関係法令通知等に則して適正に行われていること。 3　職員の資質向上を図るため、職員研修について具体的計画が立てられていることが望ましいこと。	
2　資産管理	1　基本財産と運用財産とは明確に区分管理されていること。 2　法人の所有する不動産及び運営基金等重要な資産は基本財産として定款又は寄附行為に記載することが望ましいこと。 3　不動産の所有権又は賃借権については登記がなされていること。 4　基本財産の処分又は担保の提供については定款又は寄附行為に定められた手続きを経て、適正になされていること。 5　医療事業の経営上必要な運用財産は、適正に管理され、処分がみだりに行われていないこと。 6　現金は、銀行、信託会社に預け入れ若しくは信託し、又は国公債若しくは確実な有価証券に換え保管するものとすること。 7　土地、建物等を賃貸借している場合は適正な契約がなされていること。	・平成19年3月30日医政発第0330049号医政局長通知 ・所定の手続きを経ずに、処分又は担保に供している基本財産がないことが登記簿謄本により確認されること。 ・モデル定款・寄附行為 ・平成19年3月30日医政発第0330049号医政局長通知 ・賃貸借契約期間は医業経営の継続性の観点から、長期間であることが望ましいこと。 　また、契約期間の更新が円滑に

項　目	運営管理指導要綱	備　考
	8　医療法人とその理事長との間で取引をする場合、立場を異にする同一人が利益相反取引を行うので、特別代理人を選任すること。	できるよう契約又は確認されていることが望ましいこと。 ・賃借料は近隣の土地、建物等の賃借料と比較して著しく高額でないこと。 ・土地、建物の賃貸借、売買の場合 ・個人立病院等から医療法人になる時の負債承継の場合
3　会計管理 (1) 予算	1　予算は定款又は寄附行為の定めに従い適正に編成されていること。 2　予算が適正に執行されていること。 　なお、予算の執行に当たって、変更を加えるときは、あらかじめ社員総会又は理事会の同意を得ていること。	
(2) 会計処理	1　会計責任者が置かれていることが望ましいこと。 2　現金保管については、保管責任が明確にされていること。 3　剰余金を配当してはならないこと。	・医療法第54条 （注）剰余金の配当をした場合は、20万円以下の過料に処せられること。（医療法第76条第5号）
(3) 債権債務の状況	1　借入金は、事業運営上の必要によりなされたものであること。 2　借入金は社員総会、理事会の議決を経て行われていること。 3　借入金は全て証書で行われていること。 4　債権又は債務が財政規模に比し過大になっていないこと。	・モデル定款・寄附行為 ・法人がその債務につきその財産をもって完済することができなくなった場合には、理事又は清算人は、直ちに破産手続の申立てをしなければならないこと。 （注）破産手続開始の申立てを怠った場合は、20万円以下の過料に処せられること。（医療法第76条第6号）

項　目	運営管理指導要綱	備　考
(4) 会計帳簿等の整備状況	1　会計帳簿が整備され、証ひょう書類が保存されていること。 2　預金口座、通帳は法人名義になっていること。	
(5) 決算及び財務諸表	1　決算手続きは、定款又は寄附行為の定めに従い、適正に行われていること。 2　決算と予算との間で、大幅にくい違う科目がある場合は、その原因が究明され、必要な改善措置がなされていること。 3　事業報告書、財産目録、貸借対照表及び損益計算書が整備され、保存されていること。 4　決算書(案)は社員総会又は理事会に諮る前に、監事の監査を経ていること。 5　監査報告書は社員総会又は理事会に報告後、法人において保存されていること。 6　事業報告書等決算に関する書類を各事務所に備えておき、社員若しくは評議員又は債権者から閲覧の請求があった場合は、正当な理由がある場合を除き、閲覧に供しなければならないこと。 7　決算の届出が毎会計年度終了後3月以内になされていること。	・医療法第51条第1項 ・医療法第51条第2項 ・医療法第51条の2 (注) 備え付けを怠った場合、記載すべき事項を記載していない場合若しくは虚偽の記載をした場合又は正当な理由なく閲覧を拒否した場合は、20万円以下の過料に処せられること。(医療法第76条第4号) ・医療法第52条第1項 (注) 届出をしない場合又は虚偽の届出をした場合は、20万円以下の過料に処せられること。(医療法第76条第3号)
(6) その他	1　病院、介護老人保健施設等の患者又は入所者から預かっている金銭は別会計で経理されているとともに、適正に管理がなされていることが望ましいこと。 2　法人印及び代表者印については、管理者が定められているとともにその管理が適正になされていること。	

【資料編】 4 医療法人運営管理指導要綱

項　目	運営管理指導要綱	備　考
4　登記	1　当該法人が登記しなければならない事項について登記がなされていること。	・医療法第43条 ・組合等登記令 ・登記事項 　①　目的及び業務 　②　名称 　③　事務所 　④　代表権を有する者の氏名、住所及び資格 　⑤　存立時期又は解散の事由を定めたときは、その時期又は事由 　⑥　資産の総額 （注）登記を怠った場合又は不実の登記をした場合は、20万円以下の過料に処せられること。（医療法第76条第1号）
	2　理事長のみの登記がなされていること。	・理事長の任期満了に伴い再任された場合にあっては、変更の登記が必要であること。
	3　登記事項の変更登記は法定期間内に行われていること。	・登記期間 　①　主たる事務所（2週間以内） 　②　従たる事務所（3週間以内） 　③　資産の総額は毎会計年度終了後2月以内 ・資産の総額（貸借対照表の純資産額）は毎会計年度終了後、変更の登記が必要であること。
	4　変更登記後の登記済報告書はその都度、都道府県知事又は主たる事務所の所在地を管轄する地方厚生局長に提出されていること。	・医療法施行令第5条の12
5　公告	1　清算人が、債権者に対し債権の申出の催告を行う場合又は破産手続開始の申立てを行う場合の公告は定款又は寄附行為に定められた方法で適正に行われていること。	・モデル定款・寄附行為 （注）公告を怠った場合又は不実の公告をした場合は、20万円以下の過料に処せられること。（医療法第76条第7号）
Ⅳ　その他 1 必要な手続の督促	1　認可申請又は届出にかかる書類が提出されない場合、都道府県は当該医療法人に対し必要な手続の督促を行うこと。	・督促又は勧告等によっても指導目的が達されない場合は、行政処分が行われることになる。 　①　法令等の違反に対する措置（医療法第64条第1項及び第2項）

項　目	運営管理指導要綱	備　考
		② 聴聞手続（行政手続法第13条、第15条、第24条） ③ 設立認可の取消（医療法第65条）

5 種類別医療法人数の年次推移

年 別	医療法人					一人医師医療法人（再掲）
	総数	財団	社 団			
			総数	持分有	持分無	
昭和45年	2,423	336	2,087	2,007	80	89
50年	2,729	332	2,397	2,303	94	116
55年	3,296	335	2,961	2,875	86	127
60年	3,926	349	3,577	3,456	121	159
61年	4,168	342	3,826	3,697	129	179
62年	4,823	356	4,467	4,335	132	723
63年	5,915	355	5,560	5,421	139	1,557
平成元年	11,244	364	10,880	10,736	144	6,620
2年	14,312	366	13,946	13,796	150	9,451
3年	16,324	366	15,958	15,800	158	11,296
4年	18,414	371	18,043	17,877	166	13,205
5年	21,078	381	20,697	20,530	167	15,665
6年	22,851	381	22,470	22,294	176	17,322
7年	24,725	386	24,339	24,170	169	19,008
8年	26,726	392	26,334	26,146	188	20,812
9年	27,302	391	26,911	26,716	195	21,324
10年	29,192	391	28,801	28,595	206	23,112
11年	30,956	398	30,558	30,334	224	24,770
12年	32,708	399	32,309	32,067	242	26,045
13年	34,272	401	33,871	33,593	278	27,504
14年	35,795	399	35,396	35,088	308	28,967
15年	37,306	403	36,903	36,581	322	30,331
16年	38,754	403	38,351	37,977	374	31,664
17年	40,030	392	39,638	39,257	381	33,057
18年	41,720	396	41,324	40,914	410	34,602
19年	44,027	400	43,627	43,203	424	36,973
20年	45,078	406	44,672	43,638	1,034	37,533
21年	45,396	396	45,000	43,234	1,766	37,878
22年	45,989	393	45,596	42,902	2,694	38,231
23年	46,946	390	46,556	42,586	3,970	39,102
24年	47,825	391	47,434	42,245	5,189	39,947
25年	48,820	392	48,428	41,903	6,525	40,787
26年	49,889	391	49,498	41,476	8,022	41,659

【資料編】 5 種類別医療法人数の年次推移

	特定医療法人			特別医療法人			社会医療法人		
	総数	財団	社団	総数	財団	社団	総数	財団	社団
	36	53							
	41	75							
	47	80							
	57	102							
	163	57	106						
	174	58	116						
	179	58	121						
	183	60	123						
	187	60	127						
	189	60	129						
	199	60	139						
	206	60	146						
	210	60	150						
	213	60	153						
	223	63	160						
	230	64	166						
	238	64	174						
	248	64	184						
	267	65	202	8	2	6			
	299	65	234	18	3	15			
	325	67	258	24	5	19			
	356	71	285	29	7	22			
	362	67	295	35	7	28			
	374	63	311	47	8	39			
	395	63	332	61	10	51			
	407	64	343	79	10	69			
	412	64	348	80	10	70			
	402	58	344	67	6	61	36	7	29
	382	51	331	54	3	51	85	13	72
	383	52	331	45	2	43	120	19	101
	375	49	326	9	1	8	162	28	134
	375	50	325	0	0	0	191	29	162
	375	46	329	0	0	0	215	34	181

注1：平成8年までは年末現在数、9年以降は3月31日現在数である。
注2：特別医療法人は、平成24年3月31日をもって経過措置期間が終了するため、平成24年4月1日以降の法人数は0となる。
資料：厚生労働省調べ

6 都道府県別医療法人数

	都道府県名	医療法人（総数）		社団			出資額限度法人（再掲）	基金拠出型法人（再掲）	特定医療法人（再掲）			社会医療法人	
		総数	財団	総数	持分有	持分無			総数	財団	社団	総数	財団
1	北 海 道	2,512	5	2,507	2,077	430	22	73	22		22	27	
2	青　　森	338	4	334	301	33	3	30	1		1	2	
3	岩　　手	353	3	350	285	65	5	52	6	1	5		
4	宮　　城	773	9	764	650	114	2	109	2		2	2	
5	秋　　田	322	4	318	289	29	7	17	3		3	3	
6	山　　形	461	2	459	399	60	7	53	3		3	2	1
7	福　　島	817	3	814	713	101	3	83	6	1	5	3	1
8	茨　　城	869	2	867	735	132	2	98	4	1	3	2	
9	栃　　木	743	3	740	649	91	1	76	7		7	2	
10	群　　馬	788	4	784	661	123	16	110	6		6	1	
11	埼　　玉	2,350	17	2,333	1,900	433	10	415	13	1	12	4	1
12	千　　葉	1,864	12	1,852	1,472	380	11	356	8		8	7	
13	東　　京	5,373	100	5,273	4,002	1,271	29	822	20	6	14	9	4
14	神 奈 川	3,042	39	3,003	2,338	665	4	568	18	5	13	4	2
15	新　　潟	911	6	905	775	130	15	66	7	2	5	3	
16	富　　山	282	6	276	235	41	2	37	5	2	3		
17	石　　川	446	5	441	385	56	4	41	4		4	2	2
18	福　　井	303	4	299	272	27		18	2		2		
19	山　　梨	227	3	224	190	34	3	23	4		4	1	1
20	長　　野	715	8	707	633	74	4	57	5	3	2	7	3
21	岐　　阜	687		687	588	99	5	58	10		10	3	
22	静　　岡	1,304	2	1,302	1,153	149	5	149	3		3		
23	愛　　知	1,964	9	1,955	1,639	316	12	290	17	2	15	8	3
24	三　　重	643	1	642	561	81	7	69	4		4	3	
25	滋　　賀	429		429	362	67	3	60	3		3	1	
26	京　　都	926	24	902	766	136	3	125	6		6	4	1
27	大　　阪	3,796	31	3,765	3,137	628	3	570	19	3	16	25	3
28	兵　　庫	2,007	21	1,986	1,664	322	2	286	25	2	23	3	1
29	奈　　良	437	8	429	351	78	4	71	2	1	1	5	1
30	和 歌 山	398		398	370	28		14	2		2	2	
31	鳥　　取	331	7	324	296	28		19	2	2		2	1
32	島　　根	335	2	333	302	31	1	19	4		4	4	1
33	岡　　山	936	1	935	828	107	3	77	16	1	15	10	
34	広　　島	1,401	1	1,400	1,207	193	7	168	7	1	6	5	
35	山　　口	730	3	727	644	83	5	67	4		4	2	
36	徳　　島	576		576	521	55	1	47	2		2	2	
37	香　　川	533	6	527	429	98	1	69	3		3	2	2
38	愛　　媛	901	5	896	797	99		87	7	3	4	5	1
39	高　　知	391	1	390	342	48	2	20	8		8	1	
40	福　　岡	2,677	9	2,668	2,247	421	9	385	22	1	21	10	1
41	佐　　賀	422	1	421	342	79		54	11	1	10	1	
42	長　　崎	816	6	810	719	91	3	71	7		7	5	3
43	熊　　本	1,005	3	1,002	900	102	9	83	11		11	5	
44	大　　分	654	6	648	558	90	6	72	9	3	6	8	1
45	宮　　崎	565	3	562	481	81	2	57	10	1	9	2	
46	鹿 児 島	1,053	2	1,051	900	151	11	66	8	1	7	12	
47	沖　　縄	483		483	411	72	13	45	3		3	4	
	計	49,889	391	49,498	41,476	8,022	268	6,202	375	46	329	215	34

218

【資料編】 6 都道府県別医療法人数

平成26年3月31日現在

(再掲) 社団	厚生労働大臣所管法人 (再掲)					一人医師医療法人 (再掲) 設立認可件数		
	総数	財団	社団					
			総数	持分有	持分無	総数	医科	歯科
27	11		11	10	1	1,954	1,412	542
2	4		4	4		260	223	37
	4		4	4		284	234	50
2	10	1	9	8	1	609	531	78
3	3		3	2	1	241	192	49
	1		3	3		400	335	65
2	12		12	11	1	708	609	99
2	23		23	20	3	632	522	110
2	12		12	12		545	475	70
1	6		6	6		667	557	110
3	81		81	74	7	1,984	1,509	475
7	71	2	69	56	13	1,561	1,152	409
5	337	12	325	253	72	4,740	3,379	1,361
2	95	4	91	75	16	2,604	1,954	650
3	6		6	6		808	662	146
	3		3	3		204	153	51
	9		9	7	2	380	293	87
						243	196	47
	3		3	2	1	180	150	30
4	8		8	7	1	601	495	106
3	5		5	3	2	548	449	99
	20		20	18	2	1,164	1,027	137
5	36	1	35	33	2	1,573	1,305	268
3	17		17	16	1	534	453	81
1	9		9	8	1	378	325	53
3	14		14	12	2	754	623	131
22	74	1	73	58	15	3,426	2,741	685
2	29	1	28	25	3	1,768	1,464	304
4	10		10	9	1	361	326	35
2	4		4	4		317	274	43
1	8	4	4	4		294	227	67
3	3		3	2	1	274	223	51
10	4		4	3	1	782	644	138
5	8		8	6	2	1,204	1,023	181
2	7		7	6	1	608	538	70
2	9		9	9		497	389	108
	6		6	5	1	431	354	77
4	2		2	2		764	612	152
1	3		3	3		230	188	42
9	27	1	26	24	2	2,164	1,840	324
1	11	1	10	10		320	264	56
2	6	2	4	4		662	554	108
5	10		10	9	1	812	681	131
7	3		3	2	1	472	409	63
2	2		2	2		460	385	75
12	5	1	4	4		862	692	170
4	4		4	2	2	395	329	66
181	1,037	31	1,006	846	160	41,659	33,372	8,287

備考

- 一人医師医療法人設立認可件数の推移

昭和61年12月末	179件
昭和62年 3月末	320件
昭和62年12月末	723件
昭和63年 3月末	815件
昭和63年12月末	1,557件
平成元年 3月末	2,417件
平成元年12月末	6,620件
平成 2年 3月末	7,218件
平成 2年12月末	9,451件
平成 3年 3月末	9,881件
平成 3年12月末	11,296件
平成 4年 3月末	11,597件
平成 4年12月末	13,205件
平成 5年 3月末	13,822件
平成 5年12月末	15,665件
平成 6年 3月末	15,935件
平成 6年12月末	17,322件
平成 7年 3月末	17,828件
平成 7年12月末	19,008件
平成 8年 3月末	19,545件
平成 8年12月末	20,812件
平成 9年 3月末	21,324件
平成10年 3月末	23,112件
平成11年 3月末	24,770件
平成12年 3月末	26,045件
平成13年 3月末	27,504件
平成14年 3月末	28,967件
平成15年 3月末	30,331件
平成16年 3月末	31,664件
平成17年 3月末	33,057件
平成18年 3月末	34,602件
平成19年 3月末	36,973件
平成20年 3月末	37,533件
平成21年 3月末	37,878件
平成22年 3月末	38,231件
平成23年 3月末	39,102件
平成24年 3月末	39,947件
平成25年12月末	40,787件
平成26年 3月末	41,659件

＊一人医師医療法人(再掲)欄には、昭和61年9月以前に設立された医療法人で、調査時点において、医師若しくは歯科医師が常時3人未満の診療所も含まれている。

《著者紹介》

塩谷　満（しおや　みつる）
　平成 7 年　日本大学法学部卒業
　平成14年　税理士登録
　平成17年　筑波大学大学院ビジネス科学研究科修士課程修了
　現　　在　日本橋中央税理士法人代表社員

〈著書・論文〉
　『医療法人の役員報酬等の税務』中央経済社、平成16年。
　『新・医療法人制度Q&A』同文舘出版、平成18年。
　『イザ！その時会計事務所の危機管理』労働調査会、平成24年。
　『よくわかる医療法人・クリニックの消費税Q＆A』同文舘出版、平成25年。
　「医療法人の非営利性と株式会社による病院経営」（筑波大学大学院ビジネス科学研究科修士論文）平成17年3月。

〈主な活動〉
　医療法人の税務相談、決算申告を中心に活動。医療法人設立、特定医療法人の承認認可申請も数多く手がけている。

　ホームページ　：http://www.maplan.co.jp
　メールアドレス：shioya@maplan.co.jp

平成22年2月20日	初版発行	《検印省略》
平成24年9月15日	第2版発行	
平成27年1月15日	第3版発行	略称：医療法人制度（3）

よくわかる医療法人制度Q&A（第3版）
－設立・運営・税務・事業承継－

　　　　著　者　　塩　谷　　　満

　　　　発行者　　中　島　治　久

　　　発行所　同文舘出版株式会社
　　　東京都千代田区神田神保町1-41　〒101-0051
　　　電話　営業 03（3294）1801　　編集 03（3294）1803
　　　振替　00100-8-42935　　http://www.dobunkan.co.jp

©M.SHIOYA　　　　　　　　　　製版：ムーブ
Printed in Japan 2015　　　　　印刷・製本：三美印刷

ISBN 978-4-495-37923-0

JCOPY ＜(社)出版者著作権管理機構　委託出版物＞

本書の無断複写は著作権法上での例外を除き禁じられています。複写される場合は、そのつど事前に、(社)出版者著作権管理機構（電話 03-3513-6969、FAX 03-3513-6979、e-mail: info@jcopy.or.jp）の許諾を得てください。